© Christine und Robert Salopek

www.christine-salopek.de
info@christine-salopek.de

Überarbeitet von: Alexandra Heck
Umschlag-Gestaltung, Fotografie
Typografie & Satz: Andreas Emmert
Verlag: tao.de GmbH
Printed in Germany

4. Auflage 2013

Bibliografische Information der Deutschen Nationalbibliothek
Die Deutsche Nationalbibliothek verzeichnet diese Publikation in der Deutschen
Nationalbibliografie; detaillierte bibliografische Daten sind im Internet
über http://dnb.d-nb.de abrufbar.

ISBN 978-3-95529-000-9

CHRISTINE & ROBERT
SALOPEK

M.A.C.H.T

NIMM DEIN LEBEN IN DEINE HAND

„Wer die Schönheit

in der Dualität erkennt,

der liebt wahrhaftig"

Inhalt

Kapitel 1:
Nimm Dein Leben in Deine Hand

Kapitel 2:
Praxis

Kapitel 3:
Übersicht der Symbole

Vorwort

Dieses Buch ist ein Zufall – ein Zufall für Dich.

Es ist Dir zugefallen, in die Hände gefallen und möchte Dich auf Deinem Weg begleiten. Vielleicht hast Du schon gemerkt, dass Dir etwas in Deinem Leben fehlt oder es einfach „so nicht mehr weitergeht".

Oder Du bist ein „Neuling" auf diesem Weg, und irgendein Impuls hat Dich dieses Buch in die Hand nehmen und aufschlagen lassen. Gut, denn genau darum geht es hier in diesem Buch – um diese Impulse, die Gefühle, die uns die Richtung weisen auf unserem Lebensfluss. Uns hat all das, was wir hier in diesem Buch beschreiben, einen neuen Weg gehen lassen; einen Weg in ein glückliches, zufriedenes und harmonisches Leben in allen Bereichen.

Wie heißt es so schön: „Wenn Du etwas haben möchtest, das Du noch nie gehabt hast, musst Du etwas tun, das Du noch nie getan hast." Veränderung braucht Mut! Den Mut, sich zu öffnen für Neues und unbekannte Wege zu gehen.

Bis 2006 führten wir ein ganz normales Leben mit drei Kindern und genossen einen angenehmen Wohlstand, den wir uns aufgebaut hatten.

Für uns fühlte sich damals die Welt wirklich gut an. Wir glaubten bis zu diesem Zeitpunkt nicht an Gott. Dass es da irgendetwas gab, das konnten wir uns schon vorstellen, aber wir machten uns nicht sonderlich viele Gedanken darüber. Wir glaubten auch nicht an Engel. Für uns waren das alles nicht mehr als einfach nur nette Geschichten. Und um Heiler, Energetiker und sonstiges Spirituelles machten wir einen großen Bogen. Ehrlich, wir hielten diese Menschen für total bekloppt.

Doch plötzlich wurde unser Leben völlig auf den Kopf gestellt, und wir begannen eine Reise in eine unbekannte Welt.

In diesem Buch erzählen wir von unserer Reise und wir stellen viele „Werkzeuge" – sprich Symbole, Energien und praktische Tipps – vor, die Dich auf Deiner Reise, Deinem Weg unterstützen können. Für uns ist deren Anwendung mittlerweile normal und selbstverständlich, wir haben sie in unseren Alltag integriert.

Wir haben gelernt, unserem sechsten Sinn, unserer Intuition und unserem Bauchgefühl zu vertrauen. Letztendlich ist alles das Gleiche, egal wie wir es nennen. Wir haben gelernt, zu handeln und IMMER unseren Impulsen zu folgen. Wir haben gelernt, das Ändern in unserem Leben zu leben.

Denn nur durch das eigene TUN geschieht aktive Veränderung in Deinem Leben. Das ist die M.A.C.H.T, die in Deinen Händen liegt.

**Deshalb wird das TUN
in diesem Buch so großgeschrieben.**

Kapitel 1:
Nimm Dein Leben in Deine Hand

Unser Weg – wie alles begann

Bis 2006 führte ich das Leben einer klassischen deutschen Hausfrau: Ich hatte einen Mann, drei Kinder und genoss den angenehmen Wohlstand, den wir uns aufgebaut hatten. Dazu gehörten ein schönes Haus, zwei tolle Autos und vermeintliches Glück und Harmonie in unserer Ehe und dem Familienleben. Ich war schön, und für Menschen in unserem Umfeld sah alles perfekt aus. Allerdings hatte ich überhaupt kein Selbstbewusstsein. Ich stand als Püppchen neben meinem erfolgreichen Mann. Zu dieser Zeit hat das jedoch keiner von uns beiden so gesehen. Für uns war alles in bester Ordnung! Auch für unsere Umgebung, für die wir das „Traumpaar" schlechthin waren. Für mich fühlte sich damals die Welt wirklich gut an, doch ich hatte ja keine Ahnung von dem, was in mir steckte und was sich dann zu entfalten begann. 2007 war es schließlich so weit. Mein Leben wurde auf den Kopf gestellt, und ich machte mich auf zu einer Reise in eine mir bis dahin unbekannte Welt.

Ich glaubte bis zu diesem Zeitpunkt nicht an Gott. Dass es da irgendetwas gab, das konnte ich mir schon vorstellen, aber ich machte mir nicht sonderlich viele Gedanken zu diesem Thema. Ich glaubte nicht an Engel. Für mich waren das alles nicht mehr als nette Geschichten. Und um Heiler, Energetiker und sonstiges spirituelles Leben machte ich einen großen Bogen. Ehrlich, ich hielt diese Menschen für total bekloppt.

Die Wende in meinem Leben kam, als ich in einer schwierigen Lebenssituation zu einer Kartenlegerin ging. Es war das erste Mal. Heute weiß ich: Wenn man mit zehn Personen an einem Tisch sitzt und einfach einmal nachfragt, ob denn schon einer von ihnen jemals bei einer Kartenlegerin war, dann sagen mindestens acht Ja und können jemanden empfehlen. Ich betrat also den

Raum dieser Frau. Überall an den Wänden hingen Bilder von Engeln, Tücher lagen zwischen brennenden Kerzen auf dem Tisch und auf dem Boden. Alles sah sehr esoterisch aus. Die Frau machte auf mich jedoch einen netten Eindruck, und schließlich kam ich ja „nur" zum Kartenlegen. Wir haben uns dann unterhalten, und ich habe ihr ein bisschen aus meinen Leben erzählt.

Als sich dann herausstellte, dass sie gar keine Kartenlegerin war, sondern mit Engeln arbeitete, wollte ich gleich aufstehen und gehen. Aus reiner Höflichkeit blieb ich jedoch sitzen. Was dann geschah, überstieg mein damaliges Vorstellungsvermögen und fühlte sich für mich total verrückt an. Zu diesem Zeitpunkt hatte ich schon seit sechs Jahren ein körperliches Leiden. Kein Arzt konnte mir helfen, geschweige denn sagen, woher es kam. Meine Nase lief Tag und Nacht. Oft konnte ich deswegen wochenlang nicht schlafen. Ich griff zu Tabletten, um den Sekretfluss wenigstens ab und zu stoppen zu können. Es war wirklich schlimm. Als ich bei dieser Frau saß, lief meine Nase gerade nicht. Doch als sie in mich hineinfühlte, begann sofort ihre Nase zu laufen. Dann setzte sie sich in die mir gegenüberliegende Ecke des Raumes und krümmte sich vor Schmerzen im Unterleib. Mich überforderte das erst einmal total! Doch sie beruhigte mich und sagte, alles sei gut. Über ihre eigenen Körperreaktionen erhalte sie Zugang zu mir. Allerdings tat sie mir leid. Außerdem konnte ich überhaupt nicht verstehen, was da gerade passierte. Trotz all dieser befremdlichen Eindrücke wurde ich in diesem Moment von etwas berührt, das mich nicht mehr losgelassen hat. Rückblickend betrachtet war es die erste tiefe Berührung mit meinem Herzen. Der Startschuss war gefallen! Ich ging noch ein paar Mal zu dieser Frau, und sie lehrte mich die Grundlagen der Spiritualität. Doch schon bald kam der Tag, an dem ich ALLEIN weiter musste. Ganz allein. Es war der Tag, an dem ich anfing, mit offenen Augen Energien am Himmel zu sehen. Spiralen, Farben, Formen – sie bewegten sich und schwirrten um mich herum, von einem Moment auf den anderen. Auch hörte ich Stimmen und begann, Energiewesen zu sehen. Das geschah alles innerhalb eines halben Jahres. Natürlich fragte ich damals diese Frau, was denn jetzt mit mir los sei. Was das sei, was ich da sähe? Ich hatte Fragen über Fragen. Sie gab mir zwar Antworten, aber ich begann bald zu fühlen, dass diese FÜR MICH nicht stimmig waren. Es war nicht so, wie sie sagte! Nicht für mich, an dem Platz, an dem ich zu diesem Zeitpunkt stand, und ich begann, ganz allein damit umzugehen. Die ersten zwei Jahre erlebte ich dann als eine reine Talfahrt. Mein Gott, was ich alles durchmachen musste! Ich stand mehrmals kurz vor dem Wahnsinn. Wirklich, ich dachte oft, dass ich nicht mehr alle „Tassen im Schrank" hätte: all die Eingebungen, die Informationen aus der geistigen Welt und immer wieder auf mich allein gestellt zu sein – besonders, wenn ich am Boden war.

Damals hatte ich das Gefühl, dass die Engel und all die geistigen Wesen, die um mich herum waren, gerade dann weg waren, wenn ich sie am nötigsten gebraucht hätte. Plötzlich verstummten sie, und es kamen keine Antworten mehr. Mein Gott, wie oft war ich dann traurig und bockig. Ich habe mit ihnen geschimpft und verlangt, sie sollten mir gefälligst helfen, wenn sie mich schon auf solch einen Weg schickten. Heute schmunzle ich, während ich diese Zeilen schreibe, denn es geschah immer alles zu meinem Wohl – so habe ich gelernt, mit allem selbst umzugehen. Und durch Tiefen und Schmerzen lernt man am schnellsten. Zumindest ich! Auch wenn es anders gehen kann, bringen einen diese Erfahrungen oft am weitesten nach vorn.

Damals jedoch fühlte ich mich wie ein seelisches Wrack. Alles kam ans Tageslicht, an die Oberfläche. Tiefe karmische Wunden wurden durch Ereignisse in diesem Leben aktiviert und brachen auf. Bis zum 18. Lebensjahr bin ich missbraucht worden – dies und vieles mehr hatte ich ausgeblendet und verdrängt.

Und zu all dem kam noch die Ansage aus der geistigen Welt, dass meine Arbeit um die Welt gehen wird. Das war etwa neun Monate nach dieser Odyssee, dem Auf und Ab meiner Gefühle und Wahrnehmungen, der nicht enden wollenden Talfahrten. Zudem brachen immer wieder neue seelische Wunden auf. Und wieder war ich an einem Punkt angelangt, wo ich alles in Frage stellte: Rede ich mir das alles nur ein? Höre ich die Stimmen in Wirklichkeit gar nicht? Bin ICH bekloppt?

Doch da lief die innere Waschmaschine bereits, und ich konnte schon nicht mehr zurück. Das kann sich wahrscheinlich nur vorstellen, wer es selbst erlebt hat. Ob ich es wollte oder nicht, ich musste weitergehen und mich auf alles einlassen, was kam. Ich begann, auf jede Kleinigkeit, jeden Impuls im Außen und Innen zu reagieren. Plötzlich fühlte ich den ganzen Schmerz der Menschheit – so kam es mir zumindest vor. Ich konnte auf keine Veranstaltungen mehr gehen. Partys und Einladungen hatte ich schon vorher immer wieder gemieden. Aber jetzt war sogar ein normales Essen in einem Lokal unerträglich für mich! Ich konnte auf einmal in den Gesichtern der Menschen um mich herum lesen und bekam detaillierte Informationen über die Lügen ihres Lebens.

Es wurde unerträglich, und ich flehte die geistige Welt an, es möge aufhören. Doch es hörte nicht auf. Ganz im Gegenteil. Daher zog ich mich immer mehr zurück und kümmerte mich nur noch um meine Kinder und den Haushalt. Tagsüber war ich stundenlang in der Natur. Das war der einzige Ort, an dem ich zur Ruhe kam. Hier konnte ich einfach nur sein oder für mich selbst arbeiten und auflösen, was sich zeigte. Die Natur wurde zu meiner Energietankstelle, sie half mir, das Auf und Ab meines neuen Lebens zu bewältigen. Mein Mann Robert wurde fast zeitgleich auf den Weg geschickt. Auch für ihn, einen selbständigen Finanzberater, wurde es zum Sprung ins kalte Wasser. Als absoluter Kopfmensch lebte er bis dahin genau das Gegenteil von dem, was sich ihm jetzt plötzlich offenbarte. Manchmal wurde es auch richtig komisch. So saß er einmal in einem Straßencafé und konnte es nicht verlassen, weil er statt der gewohnten Umgebung überall nur noch Energiekugeln sah. Erst als sich seine Wahrnehmung wieder von selbst normalisierte, kam seine Orientierungsfähigkeit zurück.

Gemeinsam haben wir uns unseren neuen Aufgaben gestellt, und jeder hat für sich Stück für Stück an dem gearbeitet, was sich gerade zeigte. Allein. Manchmal haben uns Menschen ein Stück weit begleitet, doch meist nicht sehr lange, da wir von der geistigen Welt sehr bestimmt darauf hingewiesen wurden, auf unsere eigenen Gefühle und Impulse zu hören und zu vertrauen und nicht auf das, was uns andere sagen. Oft reichte ein kleines Aha-Erlebnis, eine Erkenntnis, dass wir wieder unseren eigenen Impulsen folgten. Mittlerweile glaube ich sagen zu können, dass wir wirklich alles erlebt haben, von der Auflösungsarbeit bis zum Umgang mit dem eigenen spirituellen Ego. Es gibt für uns nichts mehr, was es nicht gibt, mag etwas noch so abwegig, skurril oder außergewöhnlich sein. Alles hat seine Berechtigung und seine Bedeutung. Auch Begegnungen mit der Dunkelheit gehören dazu. Besonders in den ersten beiden Jahren hatte ich sie oft. Von der geistigen Welt wurde mir dazu erklärt, dass wenn ein Licht zu leuchten beginnt, auch immer mehr Schatten ins Leben treten. Doch ich lernte auch damit umzugehen. All die Dunkelheit, die mir in den Anfängen als Spiegel begegnete, irdisch wie aus der geistigen Welt, hatte wiederum rückblickend nur die Aufgabe, die Dunkelheit IN MIR ins Gleichgewicht zu bringen. Heute ist es das Allerschönste für mich, diesen Weg gemeinsam mit meinem Mann und unseren beiden Kindern gehen zu dürfen. Die Jungs, sie sind acht und zehn Jahre alt, sind ebenfalls hoch sensitiv und lernen schon jetzt, damit umzugehen. Es ist einfach nur schön, was wir hier vermitteln dürfen. Ich schätze das umso mehr, weil unsere Beziehung nicht immer harmonisch verlaufen ist. Beide wurden wir im Eiltempo auf den Weg geschickt und hatten alle Hände voll mit uns selbst zu tun. Nach 13 Jahren Ehe, Harmonie und Liebe wurde ich eines Morgens wach und habe meinen Ehemann nicht mehr als Mann gesehen und geliebt, sondern wie einen Bruder, der neben mir steht. Man kann sich das nicht vorstellen. Da waren zwei kleine Kinder, ein gemeinsames Leben, das man sich aufgebaut hatte, und dann das. Nach drei Wochen habe ich diesen Zustand nicht mehr ausgehalten und bin gegangen. Ich habe ihn verlassen. Ich konnte nicht anders, ich fühlte mich so getrieben. Mein Gott, war das alles schlimm! Neun lange Monate dauerte die Trennung während des göttlichen Schleudergangs. Dann durften wir wieder zusammenkommen. Heute möchte ich NICHTS, wirklich rein gar nichts von meinem alten Leben, unserer alten Partnerschaft zurückhaben! Alles hat sich verändert. So nehme ich mich jetzt selbst beispielsweise ganz anders wahr. Ich bin Frau geworden. Früher konnte ich die Frauen nicht verstehen, die mir erzählten, sie befänden sich in einer Selbstfindungsphase. Heute kenne ich den Unterschied von Frau-Sein spielen und wirklich Frau-SEIN! Wir haben mittlerweile so viele Geschenke erhalten. Ich kann nur immer wieder betonen, dass es sich wirklich lohnt, sich diesen Herausforderungen zu stellen und zu vertrauen – egal, wie sich die Reise und der Weg gestalten. Was wir jetzt besitzen und wie wir heute leben, ist mit nichts zu vergleichen, was wir vorher hatten. Es ist uns jedoch nicht in den Schoß gefallen, wir haben es uns erarbeitet.

Jeder kann das erreichen, auch Du! Nur geht das nicht von heute auf morgen und schon gar nicht mit ein paar netten Sprüchen! Ich sage immer, dass es leicht gehen darf. Oft tut es das auch. Schwierig wird es erst, wenn sich Ängste, negative Muster und Glaubenssätze vermehrt zeigen. Diesen dann zu begegnen, sie bewusst ändern wollen und sich ihnen nicht ausgeliefert fühlen, im Alltag aktiv damit umzugehen – das ist die Kunst. Viele sehr hilfreiche Mittel stellen wir Dir in diesem Buch zur Verfügung, damit Du ins Tun kommen und die schöpferische Macht, die in jedem von uns ist, auch in DIR, anwenden kannst. Die Bereitschaft, sich für das eigene TUN, das Handeln, in Bewegung zu setzen, ist natürlich Voraussetzung. Wichtig ist eine bewusste Entscheidung dafür. Die Reisegeschwindigkeit bestimmt dann meist jeder selbst. Es ist egal, ob man sich nun ernsthaft mit seinen eigenen Themen auseinandersetzt und sich voll darauf einlässt oder ob man ein bisschen an der Oberfläche poliert, ein paar Pflaster auf Kratzer klebt und heile Welt spielt. Wir haben viele Menschen auf unserem Weg getroffen, die gar nicht tiefer hinsehen wollten. Sie wollten sich nicht mit den von uns hochgeholten oder gespiegelten Themen auseinandersetzen. Sie haben bewusst entschieden, erst einmal auszuweichen oder einfach einen für sie bequemeren Weg zu gehen. Aber auch das ist die Entscheidung eines jeden Einzelnen. Diese gilt es zu respektieren und jeden an seinem Platz stehen zu lassen. Was für mich gut ist, was ich wahrnehme, auch wenn ich meine Wahrheit für diesen Menschen sehe, ist noch lange nicht seine Wahrheit oder seine Sichtweise. Vielleicht ist diese Seele einfach noch nicht bereit, Veränderungen dieser Art vorzunehmen, und kommt auf einem anderen Weg dorthin, wo ich heute schon stehe. Oft war ich meiner Zeit voraus und habe Licht und Fähigkeiten in den Menschen wahrgenommen, die sie erst Jahre später selbst entwickeln konnten.

Für mich stand das TUN immer im Zentrum meines Weges. Bereits ein Jahr nach meinem Schlüsselerlebnis begann ich mit Einzelsitzungen. Kurze Zeit später folgte das erste Seminar, ein Herzöffnungsseminar. Immer wurde ich dabei von der geistigen Welt geführt. Anfänglich habe ich mich mit Händen und Füßen gegen Seminare gewehrt. Ich wollte nicht vor Menschen sprechen, das konnte ich noch nie. Ich hatte schlicht und einfach Angst. Schon in der Schule fing ich an zu stottern und bekam einen hochroten Kopf, wenn ich ein Referat halten musste. Inzwischen wusste ich aber, dass ich nicht darum herumkam, wenn die geistige Welt es so wollte. Kurz und gut, das erste Seminar fand im Juni 2009 mit sechs Teilnehmern statt. Sechs Monate später kamen schon bis zu 150 Teilnehmer pro Seminar. Schon wieder wuchs alles im Eiltempo!

Ich BIN!

Ich bin Frau: Mutter, Ehefrau, Geschäftsfrau. Die geistige Welt hat mich gelehrt, mein "Mich-anders"-Fühlen mit meinem Alltag zu verbinden. Was meine ich damit, dass ich mich „anders" fühle? Ich kann es nur in meinen Worten beschreiben. Ich fühlte mich nirgendwo mehr wohl außer in der Natur, in der Einsamkeit. Oft waren mir sogar meine Kinder „zu viel". Ich war absolut überfordert durch die Anweisungen, die mir die Engel gaben. Anweisungen, zu wachsen, meine Kraft anzunehmen und damit in die Welt zu gehen. Tag für Tag, es gab nie eine Pause. Nie. Heute, wo ich dies schreibe, fühlt es sich nicht mehr so dramatisch an. Aber heute stehe ich an einem anderen Platz und BIN. Ich sehe es heute als einen ganz normalen Prozess für Menschen, die auf diesem Weg sind. Die Intensität liegt im Gefühl eines jeden Einzelnen. Doch damals empfand ich es wirklich als schrecklich. Es war wie das Erwachsenwerden eines Kindes, angefangen vom Babyalter mit all den kleinen Schritten, die zum „Großwerden" dazugehören. Es hat seine Zeit gedauert, bis ich einen ausgewogenen, zufriedenen und glücklichen Zustand erreicht habe.

Ich bin sehr dankbar, dass ich das mittlerweile hinter mir habe. Heute lebe ich in Harmonie mit allem: meiner Familie, meinem Mann, meinen Kindern und unseren Aufgaben. Wir sind ein Servicebetrieb für Menschen, die bereit sind, ihren Weg zu gehen. Dieses Gefühl möchte ich für nichts auf der Welt eintauschen.

Und trotz dieser Gemeinschaft bin ich allein, all-EIN. Immer wieder höre ich von Erzengel Gabriel, dass ich energetisch und irdisch allein zu bestehen habe (Allein neben meinem Mann und meinen Kindern). Lange habe ich das nicht respektieren wollen und mich dagegen gesträubt. Heute habe ich es voll und ganz integriert. Ich verstehe das Warum. Ich weiß, dass dies bei vielen anderen Lichtarbeitern auch so ist, und doch begegnete mir auf meinem

Weg immer wieder die Angst der Menschen vor dem völligen Alleinsein. Ich bin sehr allein, und doch fühle ich heute vollkommene Einheit in diesem Alleinsein. Ich bin allein, nicht einsam. Ich trage Liebe für alle Menschen in mir, kann mich mit diesen Menschen verbinden und mein Herz innerhalb des Wirkens und meines damit verbundenen Auftrages vollkommen öffnen und Heilenergien und Liebe fließen lassen. Nach getaner Arbeit habe ich aus dieser Verbundenheit wieder herauszugehen und erneut in mir und für mich allein zu stehen. Wie erreichst Du nun einen ausgewogenen und glücklichen Zustand – eine Grundzufriedenheit in allen Bereichen Deines Lebens und vielleicht ja später auch das Gefühl des Allein-Seins mit Liebe in Deinem Herzen? Für mich führte der Weg über die Symbole und die damit einhergehende Öffnung der inneren Sprache. Beginne nun auch Du damit und integriere das Göttliche in Dir, in Dein System. Du musst es dort nur annehmen, schließlich bist Du ja selbst ein Teil davon. Dann lass es einfließen in Dein Leben, in Deinen Alltag, Deinen Beruf, Deine Beziehungen, in Deinen Tagesablauf. Lass Deine Intuition reifen, lass sie zu und folge dann vertrauensvoll Deinen Eingebungen, auch wenn sie noch so verrückt erscheinen. Lerne zu unterscheiden zwischen Deinem Ego, Deinem Verstand und Deiner Führung, Deinem höheren Selbst – Deiner Herzkraft, Deinem Gefühl. Immer wieder wird uns die Frage gestellt: „Ja, und wie mache ich das? Woher weiß ich, was aus meiner Verstandes-Ebene, meinem Ego kommt und was aus meinem Herzen, meiner Führung?" Ich kann das nur aus eigener Erfahrung schildern. In den ersten Monaten, als ich begann, mit den Energien, den Symbolen, die sich mir zeigten, umzugehen, wusste ich gar nichts. Nichts vom Ego und den ganzen anderen Dingen, den Naturgesetzen, den Resonanzen usw. Und das war sehr hilfreich. Ich habe quasi angefangen wie ein Baby, wenn es laufen lernt, mit Hilfe der Eltern oder durch den eigenen Willen, die Antriebskraft. Und so habe ich einfach begonnen, den Eingebungen, Gedanken, Impulsen zu folgen, die im täglichen Leben kamen. Heute weiß ich, dass ich in den ersten zwei Jahren viel mit meinem Ego zu tun hatte. Oft habe ich andere Menschen beleidigt oder sie mit meiner offenen Art verletzt. Ich dachte immer, das, was

ICH lebe, ist das A und O. Meine geistige Führung hat mich immer schön machen und mich diesen Herzschmerz, den ich mir dann selbst durch meine Taten hervorgerufen habe, fühlen lassen.

Ich habe gelernt, meine Handlungen nicht mehr von Ego und Verstand motivieren zu lassen, sondern aus der Herzkraft heraus zu handeln.

Wie kannst Du das lernen?

Indem Du bedingungslos den ersten Gefühlen und Impulsen, dem ersten Bauchgefühl, der ersten Antwort auf die von Dir gestellte Frage oder bezüglich der Tagessituation folgst. Ich behaupte jetzt nicht, dass das immer das ist, was Du Dir im Ergebnis vielleicht wünscht. Dass das dann immer das Richtige ist. Es ist sicherlich immer das BESTE, das BESTE zum Kennenlernen Deiner inneren Strukturen, mit all den Mechanismen, die sich in Dir befinden, Programmen und Mechanismen, die positiv wie negativ in Dir bestehen und wirken. Verstehst Du? Indem Du bedingungslos den ersten Impulsen folgst, egal wie komisch, unmöglich oder verrückt sie sich anfühlen, wirst Du Dein wahres Ich kennenlernen, und Dein Ego wird Stück für Stück in den Hintergrund treten, denn es wird ertappt, jeden Tag aufs NEUE. So habe ich es gelernt, ja lernen müssen, ohne jedoch diese Erklärung zu haben. Ich habe einfach immer getan, was als Impuls kam, und habe oft schmerzlich erfahren, dass ich aus meinem Ego gehandelt habe (das erste Jahr der Öffnung).

Und ich war mir bei jeder Entscheidung so sicher, dass sie aus dem Herzen kam. Absolut sicher! Heute weiß ich, dass ich nur so lernen und erfahren konnte. Durch jede erlebte Situation kamen dann die Erkenntnisse; die Erkenntnisse, die ich selbst gefühlt habe. Alles, was man selbst erfährt und fühlt, kann man viel leichter umsetzen und auch an andere Menschen weitergeben, als wenn man es sich nur angelesen und theoretisch verstanden hat.

Du kannst zehn Bücher über das
Golfspielen lesen – kannst Du deswegen Golf spielen?

Und nun fange an, die Impulse umzusetzen – mit Hilfe der Kraft dieses Buches. Das Allerwichtigste dabei ist: Sei ehrlich zu Dir selbst, auch wenn Rückschläge eintreten oder der vermeintliche Herzensweg in einer Sackgasse endet. Kehre um, raus aus der Sackgasse, und geh weiter! Irgendwann kommt der Zeitpunkt, an dem Du ganz klar zwischen Verstand und wirklicher Herzenskraft bzw. Führung unterscheiden kannst. Denn wenn Du ehrlich zu Dir bist, erkennst Du es und kannst es in jedem Moment verändern. Bei mir kam diese Veränderung als ich merkte, dass ich wirklich von Herzen die Menschen, all die Menschen mit ihren Meinungen und Äußerungen, auch wenn sie manchmal echt unter die Gürtellinie gingen, stehen lassen konnte. Einfach stehen lassen konnte und geschaut habe. Was hat das mit mir zu tun? Was habe ich in mir, dass ich diese oder jene Aktion oder Reaktion angezogen habe?

Das war der Beginn der Ho'oponopono-Arbeit, die mich mehr und mehr in meinem Herzen hat wachsen lassen. Ich habe begonnen, von innen nach außen zu strahlen. Langsam, aber stetig. Heute muss ich nicht mehr unterscheiden, was Ego und was Herzkraft ist. Ich fühle kein Ego mehr.

Die Symbole, die Zeichen und Energien, die Du durch dieses Buch bekommst, werden Dich darin unterstützen. Du findest hier viele Tipps und erhältst praktische Anleitungen. Und das in Einfachheit. Ich bin kein wandelndes spirituelles Lexikon und habe weder Seminare besucht noch spirituelle Bücher gelesen. Alles, was ich an Wissen und Weisheit habe, ist in mir gereift – in mir, aus mir und mit Hilfe und Unterstützung der Engel und der geistigen Welt. Im Folgenden werde ich die Energien, Symbole und Codierungen beschreiben, die mir nach und nach gegeben wurden. Um zu TUN, zu helfen, zu verändern und sie an die Menschen weiterzugeben.

Gerne teilen wir unser Wissen Stück für Stück mit DIR.

M. A. C. H. T.

Die Geheimnisse der „Großen" dieser Erde

Mir werden die Geheimnisse übermittelt in Form von Informationen, Symbolen, Codierungen und durch die Führung aus der Ebene des kosmischen Bewusstseins. Ich spreche mit den Engeln und Geistwesen, in welcher Form auch immer sie sich zeigen. Das ist immer wieder unterschiedlich. Und sie forderten mich immer wieder auf, dieses Wissen zu verbreiten. Ich dachte, mit Seminaren sei es getan, doch dieses Buch wird der Beginn sein – der Beginn dessen, was mein Auftrag ist. Seit Urzeiten arbeiten die Mächtigsten dieser Erde mit diesen und vielen anderen Symbolen und Methoden. Auch wenn es klingt wie eine Verschwörung: Mir wurde aus der geistigen Welt vieles an Vorgängen nähergebracht, von denen ich keine Ahnung hatte. Diese Macht nutzen u.a. das HAARP-System, die Kirchen, die Regierungen und Regimes dieser Erde. Ich werde nicht über diese Systeme urteilen, denn unter dem Aspekt der Dualität haben sie ihre Berechtigung.

Doch es wird immer mehr Freigeister geben, die sich diesen Einflüssen (immer mehr) entziehen können. Durch unsere Hilfe und durch die Hilfe vieler anderer wunderbarer Lichtarbeiter. Wir werden bewusst und gezielt befeuert mit Energien, die sich in unserem Unterbewusstsein verankern und von dort aus steuernd, leise und schleichend wirken. Alleine darüber könnte ich ein dickes Buch schreiben, doch hierzu ist die Zeit – für mich – noch nicht reif.

Doch nun zu den Symbolen:

Mir wurden so viele davon gezeigt, und es geht jeden Tag weiter. Symbole, die ich empfange und in der Luft sehe, wurden mir plötzlich an den verschiedensten irdischen Orten gezeigt, damit ich „Mensch" die Zusammenhänge besser verstehen kann. Denn in meinen Anfängen war der Verstand noch sehr aktiv und hat alles hinterfragt. Zum Beispiel sah ich eines „meiner" Symbole auf dem Fächer eines buddhistischen Mönchs, ein anderes entdeckte ich im Fernsehen bei einer Sendung über die Mayas, andere erkannte ich in Firmenlogos oder bei Veröffentlichungen von Bildern der Freimaurer und anderen Logen wieder. Das Hakenkreuz, das ich schon in meinen ersten Bildern vor fünf Jahren gemalt habe (das Sonnenrad), wurde schon von Hitler benutzt, ebenso die schwarze Sonne, die mir als schwarze Scheibe relativ zeitgleich zum Sonnenrad gezeigt wurde usw. Ich könnte noch viele weitere Beispiele aufführen.

Es sind alles Machtinstrumente, die schon lange Zeit zur Verfügung stehen. Für beide Seiten, wie man an Hitler sehen kann.

Ich sehe diese Zeichen nicht „nur", sie werden mir auch bis ins Detail erklärt, und ich trage sie in mir! Oft war ich erschrocken darüber, welch eine Macht sich hier auftut, und ich habe bis heute gebraucht, es so in die Öffentlichkeit zu bringen, wie ich es jetzt TUE. Als ich das Gebilde des Obelisken bekommen habe, in Verbindung mit dem Energiefeld, fand ich kurz darauf im Internet Bilder des Obelisken in Rom. Auch das war nur wieder ein Beweis für mich.

Ich habe mittlerweile rund 800 Symbole und Zeichen gesammelt, und es geht jeden Tag weiter. Seit geraumer Zeit wird mir die Wichtigkeit der genauen „Rezeptur" gezeigt, die Verbindung zu den Sternen, die Ausrichtung zum Mond und überhaupt in den Kosmos. Besonders Erzengel Gabriel ist mir hier ein intensiver Lehrmeister. Er und Jesus führen mich ständig, damit ich den Umgang im Detail lerne. Heute nun habe ich einen Wissensstand, mit dem ich diese Kraft weitergebe, so wie ich geführt werde.

Ich, die kleine Hausfrau, habe diese Aufgabe bekommen. Wenn ich nicht genau wüsste, dass ich mit beiden Beinen auf dem Boden stehe, hielte ich mich für größenwahnsinnig. Und jetzt wird es Zeit, dass immer mehr Menschen mit Gott in ihren Herzen zu diesem Wissen gelangen und es anwenden. Und wir tragen es in die Welt!

JETZT und HIER

Vieles sind neutrale, göttliche Werkzeuge, und nach meinen Informationen arbeiten fast ausschließlich Menschen ohne Skrupel damit, die sich von Ego und Profitgier leiten lassen. Und es funktioniert mit Bravour, weil sich hier keiner Gedanken über Manipulation macht. Verstehst Du? Wir, die wir mit Licht und Liebe in unseren Herzen wirken – wir sind nun aufgefordert, damit zu wirken, diese Mittel, die uns gegeben werden, einzusetzen für das GUTE auf dieser Erde.

Denn egal wie mächtig sich diese Handwerkszeuge anfühlen, was sie können und bewirken – mit Herz und Liebe eingesetzt, können sie nur Gutes bewirken. Ich bekomme sie, um damit zu TUN und sie nicht brachliegen zu lassen. Wir sollten beginnen, uns selbst zu vertrauen.

Wir beginnen mit diesem Buch. So, dass jeder die Kraft der Symbolik nutzen kann. Und mir ist bewusst, dass nicht nur die lichte Seite damit wirken wird. Die Dualität ist auf dieser Erde vorhanden und ich respektiere sie zu hundert Prozent. Ich kann jeden auf seinem Platz und mit der damit verbundenen Aufgabe stehen lassen.

Und um Dir gleich zu Anfang ein gutes Gefühl zur Anwendung dieser Symboliken zu geben, hier die Übersetzung zu M.A.C.H.T, so wie ich sie 2011 bekommen habe.

M = Erfolg, Reichtum, Fülle
A = Bedingungslose Liebe, Demut, Diener sein
C = Entwicklung, Aufbruch, Medialität entfalten und leben
H = Symbolisiert die Schöpferkraft/Herzkraft & Heimat in Dir
T = Übe Deine Macht aus – TUE ES

Eine kurze Geschichte zur Übermittlung dieses Zeichens und der Erklärung: Ich saß an einem See und wollte eine Werbeanzeige für eine spirituelle Zeitschrift verfassen. Wie immer bat ich die Engel, mir zu helfen. Aber es kam nichts. Ich wollte aus meinem Verstand heraus schreiben und überlegte mir daher Überschriften. So etwas wie: Wir öffnen Herzen, Das Licht der Seele und was es da sonst noch so alles gibt. Ich war unzufrieden, denn nach meinem Gefühl war das immer das Gleiche. Dann erschien über dem See das obige Zeichen mit dem Wort M.A.C.H.T – klar und deutlich.
Da wusste ich: Die Überschrift hat „M.A.C.H.T" zu heißen. „Macht" – mit diesem Wort haben viele Menschen ein Problem. Weil sie mit Macht meist etwas Negatives verbinden, bis hin zu Manipulation. Im Duden ist „Macht" mit „mögen" erklärt, und diese Erklärung lässt mich dieses Wort seither lieben. Ich liebe meine Macht und Schöpferkraft. Ich liebe mich!

Erklärung der einzelnen Bestandteile meines Wirkens

Die Energiefelder:

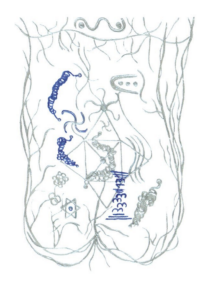

Sie waren das Erste, was mir gezeigt wurde, und sie sind der Grund dafür, dass ich diesen Weg immer weiter gegangen bin. Denn der Umstand, dass ich sie mit OFFENEN Augen sah, war für mich der Beweis, dass ich nicht verrückt bin.

Von Herzen möchte ich erzählen, was an diesem 1. Tag des Sehens geschah: Es kommt mir vor, als sei es gestern gewesen. Ich weiß noch, es war ein etwas diesiger Tag, und die Regenwolken hingen tief. Ich kam nach Hause und war schlecht gelaunt. Es war der Tag, an dem ich alles hinschmeißen wollte. Ich habe bis zu diesem Tag nichts von der geistigen Welt bewusst wahrgenommen, nichts gesehen oder gefühlt. Na ja, nichts gefühlt stimmt nicht ganz. Ich habe Schmerzen gefühlt. Ich krümmte mich oft vor Schmerzen, die von den Verletzungen in meinem Wurzel-Chakra und meiner Weiblichkeit kamen. Verletzungen, die aus dem Karma und aus dem Hier und Jetzt stammten, es waren keine aktuellen irdischen Wunden vorhanden, und doch fühlte ich mich, als ob diese Verletzungen gerade in diesem Moment geschähen. Es waren schlimme Monate. Wie gesagt, an diesem Tag hatte ich die Schnauze voll vom Göttlichen. Ich glaubte nicht mehr an Hilfe, ich wollte keine Bäume mehr umarmen, und habe mit den Engeln gehadert und geschimpft. Ich hatte beschlossen, mit dem esoterischen Kram aufzuhören, weil es ja eh nichts brachte außer Schmerzen. Ich sehnte mich nach dem Leben, das ich vorher hatte. So kam ich in unser Haus, hatte Tränen in den Augen und schickte meinen Mann und meine Kinder weg. Sie sollten mich in Ruhe lassen. Ich setzte mich mit einer Decke auf unsere überdachte Terrasse, mit Blick auf den Wald. Es fing leicht an zu regnen. Ich heulte wie ein Schlosshund und war verzweifelt.

Dann geschah es:
Ich sah mit offenen Augen in der Ferne irgendwas am Himmel fliegen. Ich rieb mir die Augen und guckte genauer, denn ich konnte nicht glauben, was ich da sah. Und dieses „Etwas" kam immer näher und näher! Da war etwas am Himmel, und ich kannte es nicht. Es waren Hunderte von Spiralen an diesem Tag, die auf mich zuflogen und immer größer wurden.

Ich weiß nicht mehr, was ich gefühlt habe, ich weiß nur, dass plötzlich mein ganzer Frust und Schmerz verflogen war und sich ein inniges, liebevolles Gefühl in mir breitmachte. An diesem Tag waren zwischen den Spiralen weiße, leicht durchsichtig schimmernde Gesichter, wie die von Kindern. Sie überbrachten mir diese Energie, die ich damals nicht benennen konnte und von der ich lange nicht wusste, was sie bedeutet und was ich damit tun kann. Sie lächelten mich an, ohne ein Wort zu sagen, und waren dann wieder weg. Die Spiralen jedoch blieben. Ich war total aus dem Häuschen, holte meinen

Mann auf die Terrasse, ob er denn auch sah, was ich sah, und Fragen über Fragen gingen mir durch den Kopf. Mein Gott, waren das Gefühle, die mich durchströmten! Und die Zeichen, die komischen Gebilde, sie gingen nicht wieder weg. Das war das Faszinierende daran. Von diesem Zeitpunkt an waren diese Spiralen, die später zu riesigen Feldern anwuchsen, immer da. Immer und überall. Sie begleiten mich überallhin, sind in den Kochtöpfen, im Suppenteller, beim Autofahren – so als ob sie mitflögen.

Am Anfang waren die Spiralen und Linien ganz klein und zart. Mittlerweile sind riesige Gebilde daraus geworden, kräftig und leuchtend für mich zu sehen.

Heute haben diese Felder die unterschiedlichsten Bestandteile, und ich habe vieles über sie erfahren dürfen. Die Spiralen sind DNS-Spiralen, und die traubenförmigen Gebilde sind Zellgebilde. Beweisen kann ich das alles nicht, ich bin keine Wissenschaftlerin – doch die Erfolge meiner Arbeit sprechen für sich. Auch hat sich vor kurzem ein Engel gezeigt, der sich dann in ein Energiefeld verwandelt hat.

Das mag sich alles abgehoben anhören, doch ich vertraue heute zu 100 Prozent meiner Führung und dem damit verbundenen Weg.

Die Felder sind immer im Fluss, sie bewegen sich, als ob sie vor meinem Auge tanzen möchten. Keines sieht gleich aus, sie sind für mich der Zugang zum morphogenetischen Feld – zu allem, was ist. Ich sehe sie immer und überall. Und sie sind in mir.

Die Symbole

Kurz vor meinem ersten Herzöffnungsseminar kamen die Symbole hinzu. Das war ungefähr acht Monate nachdem ich die Spiralen das erste Mal gesehen habe. Meine Augen hatten sich schon an die fliegenden Energiefelder am Himmel gewöhnt.

Ich kann mich noch sehr gut an das erste Symbol erinnern, das ich sah: Ich fuhr gerade mit dem Auto, da blinkte etwas Farbiges am Himmel auf. Erst dachte ich an eine Spiegelung der Sonne oder dergleichen. Doch ich sah es immer wieder. Es war rosarot. Ich hielt am Straßenrand an und schaute in den Himmel. Da war mitten in den mir bekannten Feldern etwas, das an sich nicht dorthin gehörte. Ich hatte keine Ahnung, was das nun wieder sein mochte, und identifizierte es erst mal nicht als Symbol. Ich holte einen Stift und einen Zettel aus dem Handschuhfach meines Autos und malte es auf. Als ich fertig war, war es wieder verschwunden. Ich habe es nie wieder gesehen. Schon am nächsten Tag bekam ich den Auftrag von meinen Engeln, mit Block und Stift in den Wald zu gehen. Ich hatte eine Lichtung, wo ich oft saß, wenn ich Ruhe brauchte oder es mir schlecht ging. Ich entschloss mich, mit meinem Rucksack und meiner Decke dorthin zu gehen. Die Decke breitete ich auf dem Waldboden aus, setzte mich hin und fing an zu beten. Das tat ich seit meiner Öffnung oft. Früher habe ich nie gebetet; nun gehörte es zu meinem Tagesablauf. Ich betete, wann immer es mir einfiel und egal, wo ich war. Im Auto, beim Einkaufen, in der Natur – überall. Meist in meinen Worten, doch auch oft das Vaterunser. Im Wald schaute ich in den Himmel, mit Stift und Block neben mir, und wartete. Ich wartete auf die Symbole, die ich laut meinem Engel aufzeichnen sollte. Aber sie kamen nicht. Ich saß mindestens zwei Stunden da, meditierte und begann wieder einmal zu zweifeln. Ich dachte mir: „Vielleicht habe ich mir das nun auch wieder eingebildet". Ich zweifelte oft in dieser Zeit an mir, an dem, was ich tat, einfach an allem. Obwohl ich immer mehr Beweise im Außen bekam. Beweise in Form von Heilungen, dass die Menschen, die zu mir kamen, anfingen zu sehen, zu hören und zu fühlen. Sprich, sie wurden auch hellsichtig, hellhörig oder hellfühlig. Ich sah ihre Geistführer und durfte viele mit ihrem Freund aus der geistigen Welt verbinden, so dass der Zugang zu ihrer Herzenergie und den damit verbundenen Gaben und Fähigkeiten geöffnet oder intensiviert wurde. Und trotzdem warf mich der Weg immer wieder in Tiefen zurück, die in mir lagen, und das Einzige, was mich immer wieder hat weitergehen lassen, war die Liebe zu den Engeln, die sich urplötzlich in meinem Herzen breitmachte, und vor allem, dass ich diese Gebilde am Himmel mit offenen Augen sah. Also mit meinen irdischen Augen, nicht in der Meditation oder vor dem inneren Auge. Das gab mir immer wieder den Mut weiterzugehen, und ich bestätigte mir immer wieder selbst, dass ich nicht verrückt war. Ich sah sie doch da oben ...

Zurück zur Lichtung im Wald: Ich wollte gerade wieder aufstehen und zusammenpacken, da ja offensichtlich nichts geschah. Oft war ich bockig in solchen Momenten, wenn ich etwas wissen wollte und keine Antwort bekam. Bockig und ungeduldig. An diesem Tag, das fiel mir aber erst im Nachhinein auf, war ich es gar nicht. Ich nahm es anscheinend ganz wertfrei an, dass nichts kam, und wäre voller Zufriedenheit und Gelassenheit, die ich in der

Natur immer mehr erfuhr, nach Hause gegangen. Doch dann geschah es. In dem Moment, als ich nichts mehr erwartete, sah ich aus dem Augenwinkel etwas Farbiges aufblitzen. Ich holte sofort Stift und Block wieder aus dem Rucksack, setzte mich und malte alle Symbole auf, die sich damals zeigten, eines nach dem anderen. Ich saß da wie ein Kind, das Geschenke auspackt, es war so spannend, und ich hatte so viel Freude in meinem Herzen. Ich war ganz im Jetzt und widmete mich den Symbolen. Es kamen elf an diesem Tag, zusammen mit dem ersten hatte ich somit zwölf Symbole. Zwölf Symbole, mit denen ich auf meinem ersten Seminar wirken sollte. Aber ich hatte keine Ahnung, was sie bedeuteten. Doch auch das kam. Ich malte jedes einzeln auf, schaute sie mir an und ich habe mich richtig in sie verliebt. Ich kann dieses Gefühl nicht anders beschreiben. Wir wuchsen zusammen, und ich baute eine innige Beziehung zu ihnen auf, als ob es meine Babys wären. Ja, heute weiß ich natürlich, warum ich damals so gefühlt habe: weil alle Symbole Teile von mir sind, aus meinem Innersten, mit denen ich oft schon gewirkt habe. Damals hatte ich jedoch keine Ahnung, da ich mir ja Schritt für Schritt alles selbst erarbeitet habe. Allein, und so, wie mich die Engel geführt haben.

Die Bedeutungen trudelten dann so langsam ein und waren rechtzeitig, einen Tag vor dem ersten Herzöffnungsseminar, alle vorhanden. Es war wieder Neuland für mich, und meine Aufregung war unermesslich. Ich war kurz davor, das erste Seminar wegen einer erfundenen Krankheit oder aus irgendeinem anderen Grund abzusagen, doch ich konnte nicht. Es war die Zeit, in der ich schon von zu Hause ausgezogen war, und ich brauchte das Geld, das mir die Teilnehmer vorab überwiesen hatten. Ja, Du liest richtig, hätte ich die Möglichkeit gehabt, das Geld wieder auszubezahlen, ich hätte alles abgeblasen. Ich hatte solche Angst vor meinem ersten Seminar, am liebsten wäre ich im Boden versunken. Ich hatte keinen Plan, kein Konzept für einen Seminarablauf, NICHTS. Nur die Symbole, die Energiefelder und mich. Immer wenn ich mich an den Tagen zuvor hingesetzt hatte und einen Seminarablauf erstellen wollte, kam NICHTS. Mein Kopf war jedes Mal leer.

Es kam nur immer wieder dieses Wort aus der geistigen Welt: **VERTRAUE.**

Hm, ich war bockig, doch aufgrund meiner irdischen finanziellen Lage blieb mir nichts anderes übrig, als das Seminar zu halten. Und was soll ich Dir sagen, es war unbeschreiblich! Nachdem ich mich den Teilnehmern vorgestellt hatte, sprudelten die Worte plötzlich aus meinem Mund, und erstaunt hörte ich mir selbst beim Sprechen zu, als ob es die Worte eines anderen wären. Da gab ich ein Seminar nach einem Plan, den ich doch bis zu diesem Moment gar nicht hatte. Alle Aufregung war weg. Da war nur noch dieses Vertrauen, das ich fühlte. So wurde ich von den Engeln geführt, und die Zeit verging wie im Fluge. Ich bekam viele Informationen über die Teilnehmer. Dinge, die ich gar nicht wissen konnte, und, und, und. Es waren viele Beweise für meinen Verstand, und es sind Dinge geschehen, die mich und natürlich die Teilnehmer/-innen haben wachsen lassen. Wachsen lassen in unseren Kern der Göttlichkeit.
Ja, das war der Anfang der Symbole, die mir zugetragen wurden und noch immer werden. Was ich noch erwähnen möchte: Nie sah ich ein Symbol zweimal. Es zeigte sich so lange, bis ich es erfasst hatte, und dann war es wieder verschwunden. Ich habe es so lange im Außen gesehen, bis ich es in meinem Inneren aufgenommen, verstanden und integriert hatte und die Energie in mir präsent war.

Die Codierungen

Und nun überspringe ich eine lange Zeit des Erfahrens und Lernens, bis zum Anfang des Jahres 2011. Vieles ist seitdem geschehen, ich bin – für mein Gefühl – unwahrscheinlich schnell vorangegangen. Für mich gab es nichts mehr, was es nicht gab. Zu all dem, was ich an wundervollen Gaben und Fähigkeiten empfing, kam ein weiteres Geschenk hinzu: die Codierungen.

Sie zeigten sich das erste Mal auch am Himmel, ähnlich wie die Strichcodes, die man beim Einkaufen auf den Verpackungen sieht. Anfänglich war ich etwas unsicher, weil ich so etwas bis dahin auch noch nie gesehen hatte. Es waren Lichtstriche am Himmel mit Schriftzeichen, die sich dazwischen befanden. Und durch meine bisherigen Erfahrungen mit den Energien, die sich mir gezeigt hatten, habe ich auch mit diesen Codierungen einfach zu wirken begonnen. Ich fragte bei meiner geistigen Führung nach, was ich mit ihnen tun, wie ich sie zusätzlich in meine Arbeit mit einbinden könne, und habe dann einfach getan und probiert.

Auch hier hatte ich gleich bei den ersten Einsätzen tolle Erfolge. Es gibt z.B. eine Codierung gegen Heuschnupfen, die einfach wirkt, ohne dass ich irgendetwas anderes hinzufügen muss. Viele Menschen sind dadurch ihren Heuschnupfen losgeworden. Mittlerweile komme ich mir vor, als ob ich an einem großen Mischpult säße. Ein Steuerpult für Energiefelder, Symbole, Codierungen und die Beimischung von Herzenergie. Die Engel führen mich, und ich wirke mit den Rezepturen, die ich aus dem Moment heraus für das Seminar oder den Menschen, der bei mir Hilfe sucht, zusammenstelle. Ich habe so viel erfahren und gelernt. Mir wurden die Zusammenhänge aus der geistigen Welt erklärt, und mit diesem Buch möchte ich jedem Menschen die Möglichkeit geben, auch damit zu wirken, damit umzugehen und das Göttliche in Dir selbst zu erwecken oder zu intensivieren. Denn alles ist möglich. WIRKLICH ALLES. Erfolg auf allen Ebenen. Ja, mit diesem Buch kannst Du Erfolg auf allen Ebenen haben. Denn hier bekommst Du die Schlüssel dazu, die Schlüssel, so wie ich sie erhalten habe. Dieses Buch habe ich gemeinsam mit meinem Mann Robert Salopek geschrieben. Er ist durch vieles mit mir hindurchgegangen, und durch mein Verhalten sind oft eigenen Prozesse angestoßen worden und umgekehrt. Wir haben uns viel gegeben, gespiegelt und gegenseitig aufgezeigt.

Wir durften uns beide von der Raupe zum Schmetterling entfalten und fliegen gemeinsam, und doch ist immer wieder jeder auf seinem Platz.

Heute ist unser Leben einfach nur
GUT, KLASSE, ECHT und AUTHENTISCH!

Robert, ehemaliger Kopfmensch und Manager, sieht die Auren von ALLEM, was ist. Mensch, Tier, Pflanzen, Firmen, Logos, Bankkonten usw., denn alles ist Energie. Es zeigt sich ihm jedoch völlig anders, als man das Aura-Sehen bisher kennt, wie durch Aura-Fotografie oder Bücher! Er sieht sie als Energiekreise. Nicht nur rund, sondern mit all den Verformungen, Dellen, Rissen, Verletzungen und Einschnitten irdischer oder karmischer Herkunft. Er sieht auch, wo sich im Körper Blockaden befinden. Er wird direkt an die Ursache für Krankheit, Disharmonie und Erfolglosigkeit geführt, und ihm werden auch die dazugehörigen Lösungen aufgezeigt. Geführt von Erzengel Michael und von Saint Germain, werden seine Vorträge zu einem besonderen

Erlebnis. Er trifft den Nagel immer auf den Kopf, auch wenn dies manche Menschen im ersten Moment nicht erkennen. Oft kommen Wochen später Schreiben von Klienten oder „zufällige Begegnungen", die uns mitteilen: „Jetzt habe ich verstanden, gefühlt oder aufgezeigt bekommen, was Robert gemeint hat!"

Für mich ist es ein göttliches Geschenk, dass wir als Paar diesen Weg gemeinsam gehen können. Wir sind ein gutes Team, wie nun auch hier beim Verfassen dieses Buches. Robert hat die bodenständigen Kapitel geschrieben, wie er sie übermittelt bekommen hat. Die Vergleiche sind super und für manchen Verstand wichtig! Das sehe ich immer wieder auf unseren Seminaren. Der Mix aus Fühlen, Wirken, meiner Sprunghaftigkeit aus der Führung und dem Erklären und Lehren, all das macht uns aus.
Das, gepaart mit unser beider Herzkraft, ist ein Powerpaket!!
Gerade in diesem Moment überlege ich, ob ich alles, was ich noch geschrieben habe, einfach beiseite lege und weglasse, die Kapitel von Robert einfach einfüge und noch mehr auf das Wesentliche eingehe. Das Wesentliche ist für mich der Umgang mit den Symbolen und Zeichen aus diesem Buch im Alltag. Denn damit kann JEDER seine ureigene Schöpferkraft entwickeln, verstärken oder erkennen. Ja, und das bedeutet für mich wirklich spirituell sein. Auf Dein Herz hören, die Suche im Außen beenden und nach innen gehen. Dich wirklich selbst kennen lernen. Robert und ich sind für alles offen. ALLES kann nebeneinander stehen und hat seine Berechtigung.
Egal welchen Namen die Energiearbeit trägt, für uns ist das völlig belanglos, ob Reiki, Channeling, Matrix-Forschungen, Gebetsheiler oder tausend andere Bezeichnungen! ALLES kommt aus einer Quelle. Vieles wird mit angelernten Techniken vermittelt, und auch diese Menschen haben ihre Erfolge damit. Und wir stellen hier unseres zur Verfügung und wünschen uns, dass Du Dich damit einfach ausprobierst, die Kraft hier nutzt, damit umgehst und beobachtest, was sich bei Dir verändert, was im Innen wie im Außen geschieht; dass Du für Dich selbst arbeitest und Du somit die Gabe, das Geschenk, mit

dem Du hierher gekommen bist, erkennst, auspackst, entwickelst und in die Welt bringst.

Wichtig:
Lebe das Ändern in Deinem Leben, vertraue auf die Veränderung, vertraue auf Deinen Weg.

Herzkraft

Was bedeutet „im Herzen sein", die Herzkraft aktivieren und leben? Durch die Aktivierung der Herzkraft ist alles möglich.
Herzkraft ist Wissen, das zu Weisheit wird!

Die Herzöffnung

Die Herzöffnungsseminare, das war der Beginn unserer Arbeit. Ich habe sie etwa eineinhalb Jahre lang mit Robert zusammen gegeben. Die Teilnehmeranzahl hat sich innerhalb dieser Zeit rasant erhöht – ein Seminar hatte bis zu 150 Teilnehmer/-innen. Die erste Zeit haben wir Wochenendseminare gehalten, diese dann auf einen Tag reduziert, und heute darf ich die Herzkraft innerhalb von Minuten aktivieren. Unsere eigene Entwicklung der Herzkraft und der damit verbundenen Gaben und Fähigkeiten geschah im Eiltempo. Dies hatte zur Folge, dass sich unser Umfeld mehrmals ausgetauscht und verändert hat. Erst im Jahre 2011 begann es sich zu stabilisieren, und es kristallisierte sich ein engeres Umfeld von Menschen heraus, die uns begleiten, unterstützen und sich ihrem Auftrag von Herzen widmen.

Wir freuen uns sehr, unseren Weg nun mit einem Team an wundervollen Menschen weitergehen zu dürfen.

Jetzt kommen wir zum strukturierten Teil des Buches, den Teil, den Robert geschrieben hat. Darüber bin ich sehr froh. Ich trage dies alles in mir, doch ich kann es oft nicht in dieser Klarheit ausdrücken!

Resonanz

Weg vom positiven Denken – hin zum positiven Fühlen

Alles, was Du bist, denkst, fühlst, und alles, was in Deinem Energiekörper hinterlegt und gespeichert ist, ruft eine Resonanz hervor. Schauen wir uns doch einmal ein paar grundlegende Themen und Fragen an, die uns im Alltag beschäftigen.

Viele fragen sich: Warum gerate ich immer an den gleichen Typ Mann oder Frau? Warum habe ich immer wieder diese ähnliche Situation in meinem Leben, warum gelange ich immer wieder an denselben Punkt? Warum mangelt es mir immer wieder an Geld? Warum empfinde ich Mangel an Zuneigung, an Liebe oder auch in anderen Bereichen meines Lebens? Die Reihe dieser Fragen ließe sich endlos fortsetzen.

Viele Menschen beschäftigen sich erst mit dem Thema Spiritualität, wenn sie am Rande der Erschöpfung oder am Ende ihrer Kräfte sind. Vielleicht kennst Du solch eine Situation, in der dann das Gebet als Ausweg gesucht wird, und da stellt sich mir die Frage, warum es erst zu der Grenzsituation kommen muss – privat, gesundheitlich oder familiär –, bevor man sich bewusst mit der geistigen, spirituellen Ebene auseinandersetzt, sich mit ihr verbindet und sich von seiner Führung helfen lässt. Dabei sind so viele Dinge, die dort stattfinden, in der Natur und den Naturgesetzen verankert. Viele leben im Alltag diesen Zugang zum höheren Bewusstsein schon lange, wobei wir uns diese Führung meist nicht bewusst machen und das dann nicht so benennen, sondern es als „Fingerspitzengefühl", als „Intuition", als „Bauchgefühl" oder Ähnliches bezeichnen. Ich war ein absoluter Kopfmensch aus der Investmentberatung, der alles geplant und unter Kontrolle haben musste, bevor der bewusste Kontakt zur geistigen Welt kam.

Die erste Begegnung mit einem Geistwesen war für mich eines der berührendsten Erlebnisse in meinem Leben. Dieses Gefühl, die Verbundenheit und Liebe, die ich dort gespürt habe, öffneten mein Herz. So kann ich es heute beschreiben; damals konnte ich in keiner Weise einordnen, was geschehen war. Damals begann auch ein neuer Abschnitt in meinem Leben. Durch dieses erlebte Gefühl habe ich überhaupt das erste Mal Veränderungen zugelassen. Und das war ein tiefgreifender Prozess, der durch und mit meiner Frau im Eiltempo voranging. Das Geistwesen, das ich hören und sehen konnte, stellte sich mit Namen Theo vor. Er sei fortan einer meiner Begleiter, durch ihn würde ich besser verstehen und lernen, was für mich vorgesehen sei. Vieles habe ich nach und nach von ihm erfahren und gelernt. Er hat mich durch tiefe Prozesse begleitet, gab mir Antworten auf meine Fragen – bis zu einem gewissen Punkt. Wenn es wichtig war, die Erkenntnis selbst zu haben, zu erfahren … dann war er immer LEISE. Es gab keine Antworten.

Um es abzukürzen:
Nach etwa zwei Jahren stellte er sich mit seinem „richtigen" Namen vor: Saint Germain. Denn es sei die Zeit gekommen, die Klarheit, für die er stehe, in die Welt zu bringen. Heute begleiten mich neben ihm noch zwei Engel, Erzengel Michael und Erzengel Metatron. Auch durch sie habe ich gelernt, dass ich begleitet und beschützt werde. Sie wirken durch mich, und ich bringe ihre Energie auf die Erde. Dies ist einer meiner Aufträge. Heute bedeutet für mich diese Verbindung zu meinen geistigen Führern uneingeschränktes Vertrauen. Sie haben mich gelehrt, authentisch und klar zu werden. In meinem gesamten Leben. IMMER. Und das ist der Schlüssel, den wir heute durch die Energie, die wir repräsentieren, und das Wissen, das uns gelehrt wurde, an die Menschen weitergeben können. Der Schlüssel, der viele Türen aufschließt … auf dem Weg zum Glücklichsein!
Allerdings kann diese Klarheit, die ich den Menschen nahebringe, auch sehr hart und verletzend erscheinen, aber es ist immer zum Wohle aller, auch wenn es nicht immer gleich so erkannt wird. Meistens sind es nur unsere menschlichen Befindlichkeiten, die es hart erscheinen lassen. Jeder kennt

solche unangenehmen, schmerzlichen Situationen. Im Nachhinein stellte es sich dann oft heraus, dass sie doch gut waren, wie sie waren. Nur konnten wir es zu Beginn, inmitten der Situation oder des Geschehens, nicht erkennen. Mein Vorteil ist, dass ich mit Saint Germain wie mit einem irdischen Freund kommuniziere. Ich habe gelernt bzw. war bereit, mich ganz auf meine Intuition, mein Gefühl und diese übersinnliche Kommunikation einzulassen. Heute bekomme ich in Gesprächen, sei es geschäftlicher Art oder auch im energetischen Wirken auf Seminaren, in Coachings usw., klare Informationen über den momentanen Sachverhalt. Mir werden Beweise für den Verstand meines Gegenübers geliefert, ich weiß plötzlich Dinge oder weise auf etwas hin, das ich nicht wissen kann. Mittlerweile ist meine Hellsichtigkeit und das SEHEN in die Vergangenheit und in die Zukunft sehr präzise ausgebildet. Meine Führung gibt mir die Information oder das Bild, das ich im Jetzt brauche. Manche Sichtweisen und Erkenntnisse wirst Du besser verstehen, wenn Du mich durch die Beispiele begleitest, die ich zu den wesentlichen Themen des Lebens bekommen habe. Beispiele und Bilder, die es mir erleichtert haben, diese Herausforderungen, die Veränderungen im Leben und die Spiritualität in meinen Alltag zu integrieren, umzusetzen und zu meistern. Für mich war es wichtig, manche Dinge auch mit dem Verstand erfassen zu können. Und ich sage bewusst nicht „verstehen". Denn verstehen können wir es nicht wirklich. Diese Beweise waren für mich wichtig, denn somit konnte überhaupt erst die Basis dafür geschaffen werden, authentisch zu werden und authentisch zu leben. Ich möchte mit der für mich wesentlichsten Erkenntnis beginnen, dass wir unser Leben selbst in die Hand nehmen und verändern können – in jeder Situation, wo immer wir uns auch befinden.

Das Gesetz der Resonanz

Oder der Tischtennisball auf dem Fußballfeld

Die Grundlage hierfür ist das Gesetz der Resonanz, das Gesetz der Schwingung. Das ist ein Naturgesetz, und diese Gesetze wirken, ob wir es wollen, daran glauben, danach handeln oder eben nicht. Trotzdem wirken sie. Sie wirken IMMER.

Jeder kennt hierzu den einen oder anderen Spruch bzw. hat ihn sicher schon einmal selbst ausgesprochen:

Gleiches zieht Gleiches an.

Außen ist Spiegelbild von Innen.

Wie innen so außen.

So, wie man es in den Wald hineinruft,

schallt es heraus/zurück.

Zeige mir Deine Freunde, und ich sag Dir, wer DU bist.

All das hat mit dem Naturgesetz der Schwingung/Resonanz zu tun. Nur war mir lange Zeit die Tragweite dieser Sprüche nicht bewusst. Meine Führung, Saint Germain, spricht mit mir gerne in Bildern. Vorab sei noch erwähnt, dass es wissenschaftlich ja erwiesen ist, dass alles, wirklich alles Energie ist: unser Körper, die ganze physische, manifestierte Erde. Nur haben manche dieser Energien eine so hohe Schwingung bzw. Frequenz, dass sie nicht materialisiert, also für unsere Augen nicht sichtbar sind. Und doch sind sie vorhanden, wie z.B. die Funkwellen für das Radio, die ja auch Informationen – die Radiosendungen – transportieren und dann „hörbar" sind. Oder die Frequenzen für das mobile Telefonieren oder den Fernsehempfang über

Satellit.

Nehmen wir das Beispiel Wasser. Wenn wir einen Topf mit Wasser auf eine heiße Herdplatte stellen, dann wissen wir: Wenn das Wasser kocht, verschwindet es aus dem Topf. Gleichzeitig wissen wir, es ist nicht weg, sondern hat nur seine Form zu Wasserdampf verändert. Und der Wasserdampf existiert. Nur weil ihn die meisten Menschen nicht mehr sehen oder riechen, zweifeln wir nicht daran, dass er immer noch da ist. Das Ganze ist also keine spirituelle Zauberei.

Wer es in Zahlen braucht, bitte schön:
Wir nehmen mit unseren Sinnen 70 Mio. Kilobit pro Sekunde an Informationen auf. Unser Verstand verarbeitet davon 72 Kilobit pro Sekunde, was 9 bewussten Wahrnehmungen pro Sekunde entspricht, wobei wir mit etwa 5 Wahrnehmungen pro Sekunde leben. Das entspricht in etwa einem Tischtennisball (unser Verstand) auf einem Fußballfeld (unser Energiekörper). Und nun überlege einmal, wie viele Informationen dort vorhanden sind. Wie viele Möglichkeiten und Lösungen, die Du aus Deiner Verstandesebene, dem Tischtennisball, gar nicht wahrnimmst oder manchmal auch nicht wahrnehmen willst, die Du auslässt oder nicht erkennst. Dazu später noch mehr.

Und so ist wissenschaftlich nachgewiesen, dass wir mit unserem physischem Körper (unserer Verstandesebene), in Relation zum energetischen Körper gesetzt (unsere Seele), ein Tischtennisball auf einem Fußballfeld sind.

ALSO: Es gibt sehr viel mehr, was uns in unserer Resonanz/Schwingung beeinflusst, als wir denken bzw. bewusst wahrnehmen und leben.

Nun weiter mit dem Gesetz der Resonanz.
Wer sich der Tragweite dessen bewusst wird und diese Tragweite zulässt, der kann in seinem Leben alles verändern, wenn er bereit ist, die Veränderungen auch zu zulassen und die dafür notwendigen Schritte zu gehen, in dem

Wissen, dass alles, was die Natur bereithält und womit sie uns unterstützt, zu unserem höchsten Wohle ist. Allerdings ist es nicht immer einfach, diese Veränderungen zu leben, denn manchmal unterscheiden sich die Veränderungen, die zum eigenen Wohle geschehen, von dem, was mein Umfeld in meinem Leben unter meinem Wohl versteht. Und es stimmt auch nicht immer mit dem überein, was ich mir in meinem Verstand als mein Wohl vorstelle … Alles, was in unserem Leben vorhanden ist, in unserer Umgebung, im Alltag, wirklich ALLES, haben ausschließlich wir mit unserer Schwingung verursacht und damit auch zu verantworten. Selbst die banale Streitigkeit mit unserem Nachbarn, den unfreundlichen Kellner oder den unbefriedigenden Arbeitsplatz, den nörgelnden Kollegen, sogar bis hin zu unseren gesundheitlichen Schwierigkeiten. Ich möchte an einem anderen Beispiel erklären, warum das so ist und welch fantastische Möglichkeiten sich daraus entwickeln, dass Du Dein Leben selbst in die Hand nehmen kannst. Wenn ich am Morgen nach dem Aufstehen im Bad vor dem Spiegel stehe und feststelle, dass ich irgendwie zerknittert aussehe, unrasiert bin, mir die Haare zu Berge stehen und ich Augenringe habe, kann ich in den Spiegel schauen und sagen: „DU siehst heute echt schlecht aus." Ich kann dann den Spiegel mit einem Handtuch verhängen, weil ich mir das Elend nicht länger anschauen will. Doch ich habe Pech, wenn ich auf dem Weg zur Küche am Spiegel in der Diele vorbeigehe und im Spiegelbild schon wieder den gleichen zerknitterten Anblick wahrnehme. Jetzt am besten den Spiegel wieder verhängen, nur um nicht wieder damit konfrontiert zu werden. Die Alternative wäre, etwas zu ändern, gleich im Badezimmer, vor dem ersten Spiegel.

Aber jetzt mal ganz ehrlich:
Wer käme denn dort auf die Idee, den Rasierschaum oder die Schminke genüsslich an den Spiegel zu streichen, um den Spiegel zu rasieren oder zu verschönern? Jeder rasiert oder schminkt sich doch im EIGENEN Gesicht, um dann zu wissen, dass er jetzt wieder gut aussieht und es sich auch wieder richtig gut und frisch anfühlt.

Tja, nur sieht die Realität im Alltag leider völlig anders aus. Beim Rasieren und Schminken leuchtet es Dir ein, dass es nichts bringt, die Veränderung im Spiegelbild vorzunehmen. Das fiele keinem ein. Es erschiene jedem lächerlich, diesen Vorgang der Verschönerung am Spiegel vorzunehmen. Im Alltag allerdings ist jeder sehr schnell dabei, dem Anderen (= Spiegelbild) Dinge zuzuweisen und die Schuld oder den Fehler dort zu suchen. Das ist einfach, und man muss nicht bei sich selbst hinschauen. Aber auch im Leben ist das Außen nur das Spiegelbild.

Wie war das noch mit dem Rasieren?
Da ist der Nachbar mit seiner verbissenen Haltung daran schuld, dass man jetzt schon vor Gericht ziehen muss. Es bleibt einem ja nichts anderes übrig. Da sind der blöde Chef, der blöde Arbeitskollege und all die anderen daran schuld, dass Du gemobbt wirst oder dass Dir die Arbeit keinen Spaß macht. Der Partner soll sich gefälligst zuerst verändern, denn er muss Dich so nehmen, wie Du bist. Ja, nur selbst nichts verändern, denn Du bist ja nicht verantwortlich, es sind immer die Anderen schuld und verantwortlich. Mit all diesen Beispielen möchte ich Dir aufzeigen, dass das Gesetz der Resonanz etwas anderes aussagt:
Außen ist das Spiegelbild von Innen, und Gleiches (Schwingung) zieht Gleiches (Schwingung) an. Das bedeutet, dass AUSNAHMSLOS alles im Außen durch die eigene Schwingung, durch das eigene Verhalten, durch das eigene Handeln verursacht wurde, und zwar sowohl auf der Tischtennisball- als auch auf der Fußballfeld-Ebene. Es gibt nur einen, der dafür verantwortlich ist: Du SELBST. All die Situationen in Deinem Alltag, im Außen, sind eben nur die Spiegelbilder, die sich auf Deine Resonanz eingeschwungen haben. Und es gibt im Leben nur fünf Bereiche, in denen Dir Deine Schwingung gespiegelt werden kann: Partnerschaft, Familie, Beruf, Wirtschaftlichkeit und Gesundheit.
Was jedoch entscheidend dazu kommt ist, dass unser Leben nicht nur auf der bewussten Verstandes-Ebene (dem Tischtennisball), sondern eben auch

auf der energetischen Seelen-Ebene (dem Fußballfeld) stattfindet. Diese Ebene ist besonders zu beachten, da sie Dein Leben in allen Situationen entscheidender beeinflusst als die der Tischtennisballebene.

So kommt es, dass Du manche Situationen nicht bewusst auslöst, weil Du es nicht mit Deinem Verstand entschieden hast, diese Schwingung auszusenden. Und trotzdem bist Du dafür verantwortlich, da Du es mit Deiner Schwingung aus Deinem Fußballfeld auslöst und somit verursachst und auch zu verantworten hast. Der Schwingung ist es egal, ob Du sie bewusst oder unbewusst ausgesandt hast. Sie ist einfach nur Energie und folgt dem Gesetz der Resonanz.

Und wie im Badezimmer kannst Du Dein Spiegelbild nur verändern, indem Du Dich SELBST rasierst oder schminkst, d.h., indem Du Deine Energie veränderst bzw. harmonisierst oder entstörst. Und das eben nicht nur auf der Tischtennisball-Ebene, sondern im gesamten Fußballfeld. Um hier eine ursächliche Verbesserung und Veränderung zu erzielen, reicht es nicht aus, ein paar Tage oder Wochen positiv zu denken.

Nachdenken und etwas dann strategisch, taktisch oder mit Kalkül zu verändern wird nichts bringen, denn der Tischtennisball (Verstand) wird NIE Dein Fußballfeld in eine andere Schwingung versetzen können, zumindest nicht dauerhaft und nachhaltig. Deshalb funktioniert positives Denken nicht. Sicherlich kann man kurzzeitig mit dem Verstand etwas erzwingen. Aber es wird Dich viel Kraft und Energie kosten, da es gegen die natürliche Schwingung des Fußballfeldes ist. Nur wenn es im Einklang mit Deinem Fußballfeld, aus dem Herzen heraus geschieht, wird die Veränderung auch in Deinem Umfeld zu erkennen sein. Nur was im Herzen gefühlt wird und aus dem Herzen verändert wird, kann eine ursächliche und dauerhafte Veränderungen herbeiführen. Hierzu hat Christine das „Power Ho'oponopono" auf der Basis des Hawaiianischen Prinzips entwickelt, eine schnelle Hilfe zur Selbsthilfe. Das ist in Kombination mit den Energien, die Dir hier in diesem Buch vorgestellt werden, ein echtes Power-Paket auf dem Weg zur vollkommenen Heilung und zur Veränderung in Deinem Leben.

Die Chinesen formulieren es sehr charmant:

„Wenn jeder vor der eigenen Haustüre kehrte, wäre es auf der ganzen Welt sauber." Noch besser wäre es, im eigenen Haus kehren.

An dieser Stelle will ich noch zwei Dinge betonen:

Zum einen gibt uns dies die MACHT, alles in eigener Verantwortung neu und bewusst zu leben und somit auch zu verändern. Du kannst immer neu entscheiden, was Du in den Wald hineinrufst, und somit wird sich das, was aus dem Wald herausschallt, automatisch verändern. Zwingend – das ist Gesetz. Zum anderen ist es wichtig, dass Dir das an dieser Stelle hier wirklich bewusst wird. Es ist möglich, alles zu verändern, wenn Du bereit dazu bist, Deine eigene Schwingung zu verändern und Verantwortung für all Dein Tun und Nicht-Tun zu übernehmen. Ja, auch das Nicht-Tun oder das Nicht-Ausführen eines Impulses löst eine Resonanz aus, zieht eine Konsequenz nach sich. Aber dazu später mehr.

Noch einmal: NUR Deine eigene Schwingung gilt es zu verändern, denn die Spiegelbilder verändern sich zwingend mit. ABER (und auch das ist wichtig): Du musst dazu bereit sein, die Veränderungen auch auf der Ebene des Fußballfeldes zu erwirken. Dazu ist es notwendig, mit den Möglichkeiten der hier vorgestellten Symbole und gern zusätzlich mit dem „Power Ho'oponopono" die Veränderungen auf der Ebene des Fußballfeldes zu bewirken. Nur dann wird sich diese Ebene nachhaltig verändern.

Auch muss Deine Bereitschaft vorhanden sein, beim Betrachten Deiner Spiegelbilder zu akzeptieren, dass alles, was Du im Außen siehst, in Dir als Resonanz vorhanden ist.

Auch wenn Du manches – eine Haltung oder eine Energie – in Deinem Umfeld regelrecht verabscheust – es ist in DEINEM Umfeld und somit auch in der Ebene Deines Fußballfeldes als Resonanz vorhanden. Nimm es an, und Du wirst es verändern können. Das ist doch wunderbar! Es liegt in Deiner Macht, es zu verändern, selbst Schöpfer zu sein! Es wird seine Zeit brauchen, doch gerade in den Anfängen dieser Arbeit wirst Du oft schnell Beweise erhalten. Wenn Du mit der Arbeit beginnst, dann achte auf die Veränderungen in

Deinen Spiegelbildern, auf jede Kleinigkeit.

Die unfreundliche Bedienung, der kernige Nachbar, der blöde Chef, die falsche Freundin... was verändert sich oder wer verlässt sogar Dein Resonanzfeld und fällt somit aus Deiner Schwingung, Deinem Leben weg? Auch das kann passieren, dass Menschen einfach weggehen, man sich auseinanderlebt – sich nicht mehr anzieht.

Jetzt werden gleich wieder einige Ängste aufkommen. Wenn Du jetzt Verlustangst bekommst ... super, dann kannst Du diese Angst gleich als Erstes bearbeiten. Hier fehlt das VERTRAUEN in das große Ganze, Vertrauen in die Führung und dass alles zu Deinem Wohle geschieht. Somit auch in all die Erfahrungen, die Du schon gemacht hast, die Deine Vergangenheit ausmachen. Doch Du hast dieses Buch durch Zufall erhalten. Es ist Dir nun zugefallen, damit Du Dein Leben machtvoll verändern kannst.

Mit etwas Übungszeit kannst Du die Symbole mit dem „Power-Ho'oponopono" immer und überall in Gedanken einsetzten. Im Auto, beim Essen, beim Einkaufen, bei der Arbeit, auf der Straße oder unter der Dusche. Das klingt nach Arbeit. Ja, das ist es auch. Ein Prozess, der sich entwickeln wird. Doch was Du vom Leben bekommst, ist einfach nur ein Geschenk auf dem Weg zum authentischen und freudigen Leben.

Noch ein paar Beispiele:

Wenn Du Dich von einem Geschäftspartner betrogen fühlst und Du weißt, dass Du selbst aus Deinem Verstand heraus niemals betrügen würdest, ist trotzdem die Energie des Betruges in Deinem Energiekörper, in Deinem Fußballfeld vorhanden und somit im Außen als Spiegelbild Deiner inneren Schwingung sichtbar. Wenn Du einen mobbenden Arbeitskollegen hast, bist Du es, der dies zu verantworten hat, da diese Energie irgendwo in Deinem Fußballfeld vorhanden ist, und sei es nur irgendwo bei der Eckfahne.

Auch wird Dir das Leben die Situationen und die Bilder nicht immer eins zu eins spiegeln oder aufzeigen – nicht aufzeigen können. Wenn Du z.B. einen

Mangel auf Deinem Konto zu verzeichnen hast, dann ist die Energie des Mangels irgendwo IN DIR vorhanden. Jetzt kannst Du Dich fragen, was das sein könnte. Zum Beispiel der Mangel an eigener Wertschätzung, sich ständig aufzuopfern für die Familie oder im Beruf. Oder ein Mangel an Vertrauen, an Selbstliebe, Mangel an Achtsamkeit, Mangel an Selbstwert, Mangel an Selbstbewusstsein, Mangel an Mitgefühl, Mangel an Demut, usw.

Finde heraus, wo der Mangel bei Dir hinterlegt ist. Hier solltest Du Deine ganze Aufmerksamkeit darauf richten, welches Thema bei Dir in Disharmonie ist. Wie und wo es sich dann im Außen spiegelt, wird aus anderen Ebenen gesteuert. Also kann sich der Mangel am Kontostand zeigen oder daran, dass man vom Partner oder von jemand anderem nicht geliebt wird.

Unsere Seele versucht, uns die Energien und Themen aufzuzeigen, die uns betreffen und die wir in diesem Leben als Nächstes verändern dürfen. Und zwar in dem Lebensbereich, in dem die Seele meint, uns am besten erreichen zu können, oder wo wir am ehesten und schnellsten reagieren, also bereit sind, Veränderungen einzuleiten. Das heißt: Bei einem erfolgreichen Geschäftsmann, dem es finanziell gut geht, wird sich die Seele die Gesundheit oder die Partnerschaft als Spiegel aussuchen. Das ist ein Beispiel, dem wir selbst auf unserem Weg schon oft begegnet sind. Wir haben bisher noch keinen wirklich glücklichen Unternehmer getroffen, dessen Leben, obwohl es ihm finanziell wirklich fantastisch erging, glücklich war. Vielen konnten wir hier die Schlüssel zum „Glücklichwerden" erfolgreich in die Hand geben. Und bedenke, wenn Du Veränderungen einleitest, dies aus dem Herzen heraus zu tun. Nur aus dieser Ebene erreichst Du das Fußballfeld und nur dann wird es sich nachhaltig ändern. Und hier kann ich Dir eine Brücke aufzeigen. Denn unser Herz ist wiederum unser Bauchgefühl, unsere innere Stimme, unsere Intuition, unsere Seele oder auch die Verbindung zu Deiner geistigen Führung.

Bedenke dabei, dass auch Du schon mit Deinem Bauchgefühl Erfahrungen gesammelt hast; zukünftig geht es darum, Dich mehr Deinem Bauchgefühl zu widmen und ihm zu vertrauen. Denn Dein Gefühl meint es immer zu Deinem höchsten Wohle, auch wenn Du es nicht immer gleich erkennen wirst, sondern manchmal erst Monate später.

Übrigens, auch das ist wissenschaftlich belegt:
Aus dem Herzen zu wirken ist wesentlich kraftvoller, als aus dem Verstand heraus zu agieren.
Ein amerikanisches Institut hat nachgewiesen, dass die elektrische Kraft des Herzens bis zu 60-mal stärker ist als die des Verstandes (EKG – EEG) und die magnetische Kraft des Herzens bis zu 5000-mal stärker ist als die unseres Verstandes. Und wieder könnte man sagen: Wow, wie viel Potential steckt da drin, in uns, in mir und auch in Dir! Wie effektiv, effizient und leicht können sich Dinge verändern, wenn Du nur die Kraft der Natur und der Naturgesetze zu Deinen Gunsten nutzt. Wenn Du aus Deinem Herzen, aus Deinem Fußballfeld, wirkst.
Und um in Deine Macht zu kommen, musst Du die Tatsache voll und ganz akzeptieren, dass Du selbst für alles in Deinem Leben verantwortlich bist. Alles, woran ich beteiligt bin, und sei es „nur" als Zuschauer, hat etwas mit mir, mit meinem Inneren zu tun. Und dafür die Verantwortung zu übernehmen, macht mich mächtig. Wenn mehrere Menschen an einem Ereignis beteiligt sind, dann haben diese bzw. ihre Schwingungen GEMEINSAM dieses Ereignis kreiert, das heißt, jeder trägt dazu bei. Ähnlich wie bei einer Suppe, bei der die einzelnen Zutaten das Ergebnis entstehen lassen. Und so kann auch jeder nur für seine Zutat, seine Schwingung die volle Verantwortung übernehmen. Wenn uns dies bewusst ist, dann ist schon ein großer Schritt getan. Es gilt zu verstehen und zu akzeptieren, dass Du nicht nur mit Deinem Verstand, dem Tischtennisball, sondern auch mit Deiner ganzen Seele, dem Fußballfeld, existierst. Und wenn Du das akzeptieren kannst, hast Du einen Schlüssel in der Hand: den Schlüssel zu Deiner Macht. Denn allein mit diesem Bewusstsein bietet sich Dir nun die Gelegenheit, alle Disharmonien, die Dir durch die Resonanzen aufgezeigt werden, selbst zu lösen. In Eigenverantwortung. Das ist die pure Macht, das Leben selbst in der Hand zu haben. Nutze dieses Wissen

für Dich, habe den Mut, Deine Schöpferkraft einzusetzen, und verlasse das Spiel, in dem Du von anderen „gelebt" wirst. Lebe DU Dein Leben.
Und das mit Freude und Begeisterung.

Bewusst – sein

Ist es zu viel?

Kann ich zu viel energetisch wirken? Mich überfordern mit Spiegelbilder lösen und Harmonisieren? Aufgrund des immer größer werdenden Angebots im Bereich der Spiritualität wird uns immer wieder die Frage gestellt, ob es denn zu viel sein könne, so viele energetische Arbeiten hintereinander oder gleichzeitig zu tun?

Zuerst einmal die Frage:
Wer fragt denn, ob es zu viel oder zu wenig ist?
Wer beurteilt das denn?

Stellt sich die Natur die Frage, ob sie denn zu viel Natur ist?
Die Worte von Erzengel Gabriel zu Christine, nachdem sie in ihren ersten drei Jahren von einem tiefen Tal ins nächste ging, irdisch wie energetisch: „Auch wenn Du Dich überfordert fühlst und am Boden liegst, wir geben Dir immer nur das, was Du verkraften kannst. Du wirst Dich gestärkt vom Boden erheben. Vertraue." NACH den Prozessen haben wir es verstanden, doch im Prozess kann man das nur schwierig annehmen. Damals war das so; heute nehmen wir alles so, wie's kommt. Ohne jemals etwas zu hinterfragen. Es hat einen Sinn, dass es genau zu diesem Zeitpunkt kommt, egal was mein Verstand (= Tischtennisball) denkt.

Hier nochmal anders formuliert:
Der Fluss fließt immer. I.M.M.E.R. In jedem Augenblick.

I.M.M.E.R. 24 Stunden lang, 365 Tage.

Ein naturbelassener Strom, ein Fluss hält nicht einfach an und hört auf zu fließen, wenn er vielleicht meint, er sei jetzt lange genug Fluss gewesen und brauche eine Pause vom „Fließen".
Ein Fluss kann im natürlichen SEIN nicht anhalten, auch wenn er vielleicht die Gegend, in der er sich gerade befindet, sehr schön findet, die Blumen am Ufer, die wundervollen Bäume, die ihn überragen. Er kann es im JETZT erleben und genießen, jeden Augenblick seines Seins im Fluss, doch er kann nicht anhalten und das Fließen beenden oder unterbrechen. Man kann die Augenblicke nicht festhalten! Mit viel Krampf und Technik geht das schon, doch ist es im Sinne des natürlichen Flusses? Die Natur sieht das nicht vor – nur wir Menschen greifen immer wieder in die Natürlichkeit ein. Der Fluss versucht nie, aus eigener Kraft stehen zu bleiben und zu schwelgen. Er fließt, ohne in Frage zu stellen, warum er denn immer weiter fließen soll.

Um zu uns Menschen zurückzukommen:
Wir nehmen wahr, dass Menschen, die uns regelmäßig und intensiv begleiten, schneller, einfacher und leichter durch das Leben fließen. Auch wenn es turbulent wird und sich Stromschnellen auftun, kannst Du die Gewissheit haben, dass auch in diesen Situationen der Fluss immer weiter fließt. Selbst wenn er durch einen Wasserfall in kleinste Tropfen zerstreut wird, sammelt er sich am Fuße des Wasserfalls und wird wieder ein ruhig fließender Fluss. Gefühlt hat es bei Christine und mir viele Wasserfälle gegeben, und die Zeit des Genießens und Erlebens der Schönheiten am Ufer war knapp bemessen. Heute können wir das „Treibenlassen" genießen, auch wenn Stromschnellen immer wieder auftauchen. Rein und durch! Wir leben bewusst und folgen tagtäglich den Impulsen, so wie sie kommen. Wir sagen nicht, dass es

einfach ist, täglich seinen Impulsen zu folgen und somit die natürliche Fließgeschwindigkeit, die für einen vorgesehen ist, anzunehmen. Oft wird diese natürliche Fließgeschwindigkeit als sehr schnell empfunden, wobei wir der Meinung sind, dass es einfach nur ungewohnt ist. Und jeder Mensch hat seine Geschwindigkeit selbst zu finden und sie zuzulassen. Allerdings sind wir der Meinung, dass der Verstand die Fließgeschwindigkeit verlangsamt. Ich bezeichne Christine immer als ICE-Sonderedition. Sie ist die Lokomotive und gibt die Geschwindigkeit vor. Manchmal war ich froh, dass ich einfach nur gezogen wurde im Fluss des Lebens.

Achtung:

Dies könnte man sich nun schnell zurechtlegen als: Na ja, ich bin dann halt ein Bummelzug und brauche meine Pausen. So ist das nicht gemeint. Der Lebensfluss fließt immer – egal in welcher Geschwindigkeit. Auch in der Natur gib es große Flüsse, kleine Flüsse, das Wasser, das sich den Weg durch eine Klamm sucht, und eine Vielzahl an Bächen. Auch die Niagarafälle enden wiederum in einem Fluss.

Jetzt höre ich schon die Frage: „Und was ist mit den Seen? Die stehen in Ruhe und Gelassenheit auf einem Fleck!" Darauf kam folgende Antwort: „Bedenke, auch manch schöner See musste sich seinem Schicksal ergeben und ist ausgetrocknet." Hierüber könnte man nun ewig weiterphilosophieren, doch ich denke, die Essenz der Aussage müsste nun deutlich sein.

Glücklich sein im Alltag

Wir sagen immer wieder, dass es wichtig ist, die Sensitivität, die Feinfühligkeit und die Spiritualität in den Alltag zu integrieren. Dem eigenen Gefühl zu folgen und diesem zu vertrauen. Sein wahres SEIN zu leben.

Das bedeutet für uns authentisch sein, und zwar nicht nur in den Bereichen, in denen es Dir leichtfällt, sondern IMMER. Wenn Du nur in Teilbereichen Deines Lebens authentisch bist, bedeutet das, dass Du Dich immer wieder verleugnest und nicht ganz ehrlich zu Dir selbst bist und auch nicht zu den anderen. Mach Dir doch einmal bewusst, was es heißt, „Nicht-Ganz-Ehrlichkeit" in den Wald zu rufen! Was soll denn in Deinem Leben aus dem Wald heraus hallen? Bedenke, Du kreierst Deine Spiegelbilder aufgrund der Resonanz von Unauthentisch-Sein und Unehrlichkeit, usw. selbst.
Hast Du Dich in letzter Zeit darüber aufgeregt, dass jemand in Deinem Umfeld nicht ganz ehrlich zu Dir war? Wer muss sich jetzt ändern?

Merkst Du, wie M.A.C.H.T voll das ist? I.M.M.E.R.
Denke doch einmal darüber nach, was denn alles aus dem Wald herauskommen soll. Dann weißt Du auch gleich, was Du hineinrufen solltest.

Es geht einfach darum, es zu leben. Es zu TUN.

Alles, was wir hier schreiben oder benennen, haben wir selbst an vielen Beispielen erfahren, in allen Bereichen unseres Lebens. Manche Situationen mussten wir erleben, sie sind wesentliche Erfahrungen gewesen, die zur Weiterentwicklung notwendig waren. Manche Situationen sollte man einfach so annehmen und respektieren, wie sie sind, und das ohne Widerstand. Alles hat seinen Sinn, und alles ist gut so, wie es ist. Das ist das Grundvertrauen ins Leben, auch wenn wir es aus unserer kleinen Verstandesebene nicht immer verstehen. Stellt sich die Frage, ob denn der „Tischtennisball" jemals das

„Fußballfeld" verstehen wird? Ich meine, wenn wir begännen, 70 Mio. Kilobit pro Sekunde verstehen zu wollen, dann wären wir alleine aufgrund von ein paar Lebensminuten auf der Verstandesebene für den Rest unseres Lebens damit beschäftigt, diese zu verstehen. Also wie gesagt, es ist besser, Deinem Gefühl, Deinem Herzen zu vertrauen und zu folgen, denn dieses Gefühl will für Dich immer das Beste. Das bedeutet nicht, dass es auf diesem Weg nicht holpern kann, aber wir sind der festen Überzeugung, dass es der charmanteste Weg durch das Leben ist.

Hier wiederum ein Beispiel aus unserem Leben.
Mir wurde aufgetragen, nach Stonehenge zu fliegen, allein. Es sei wichtig für uns, so die geistige Führung. Ich buchte einen Flug für mich, und einen Tag vor Abflug rief das Reisebüro an, um den Flug zu stornieren, da das Bordpersonal streikte. Wir fragten unsere Geistführer, was denn los sei, und bekamen die Antwort, wir sollen nun doch zusammen fliegen.
Gehört, getan. Wir organisierten für die drei Tage alles: Kindersitter, Hundesitter, um uns dann auf den Weg zu machen. Der Montag, ein Tag vor Abreise, war dann ein chaotischer Tag. Wir hatten viele Termine, es gab viele Störungen. Gleichzeitig rief das Reisebüro an: mit dem Mietauto am Flughafen in London werde es nichts, das Hotel finde die Buchung nicht usw., doch wir konnten alles mit viel Aufwand regeln. Aber es holperte an allen Ecken und Enden. Für unseren Verstand nicht verständlich, denn die Engel hatten doch gesagt: „Fliegt!"

Am Abend saßen wir beim Kaffee, und ich sagte, ich hätte ein schlechtes Gefühl. Und Christine sagte mir, sie habe es auch schon den ganzen Tag. Eine Tasse später sagten wir alles ab, auch wenn der Flug nicht mehr zurückerstattet wurde. Am Dienstagvormittag haderten wir mit unserer geistigen Führung: Warum? Wieso?
Am Donnerstagnachmittag waren wir schlauer. Der Flughafen in London wurde wegen eines Vulkanausbruchs geschlossen, und wir hätten unseren

Abendflug nicht antreten können. Klar hätte sich zu Hause alles regeln lassen, aber es ging einzig und allein darum, ob wir denn unserem Gefühl vertrauten. Auch wenn es ein anderes Gefühl war als Tage zuvor, wo alles begonnen hatte. Verstehst Du das? Im Rückblick war das einfach eine Prüfung, ob wir im Vertrauen sind, jeden Moment, jeden Impuls so zu nehmen, wie er ist!

Auch wenn der Verstand sagt: „Oh, die Flüge sind doch schon bezahlt, und das geht doch jetzt nicht, wir können nicht so sprunghaft sein, die Oma weiß auch schon Bescheid!"

Auch Dir werden solche Prüfungen immer wieder begegnen, um zu sehen, ob Du auch tatsächlich immer authentisch bleibst, Dir selbst vertraust und treu bleibst.

Dafür gibt es im Alltag genügend Beispiele:
Dein Gefühl, Deine Intuition, Dein Bauchgefühl sagt Folgendes:

„Biege links ab statt wie immer rechts". Tut man es nicht, sieht man sehr schnell, warum: Da war eine Tagesbaustelle. Das Fußballfeld hat es schon wahrgenommen. Der Verstand musste es sich noch beweisen lassen.

Oder der Impuls beim Einkaufen „Nimm Kaffee mit", obwohl man meint, es seien doch noch genügend Bohnen im Schrank. Überzeugen lassen kann man sich ja gemütlich zu Hause.

Wenn man seiner Intuition, seiner Führung, die mit dem Fußballfeld in Verbindung steht, ganz vertraut, ist es eben der charmanteste Weg, der effizienteste, der effektivste.

Man will es nur oft nicht glauben, und so muss man sich eben überzeugen lassen oder es sich beweisen, was allerdings nur den Verstand befriedigt und einen selbst in der natürlichen Fließgeschwindigkeit seines Lebens bremst.

„Geh nicht zu dieser Veranstaltung, zu einem Treffen, zum Geburtstag eines Verwandten." Sofort kommt der Verstand: „Aber das kann ich doch nicht machen, was sagt mein Chef dazu oder meine Freundin, die dann wieder vier Wochen beleidigt ist, wenn ich ihr so kurzfristig absage? Oder die Verwandten zerreißen sich die Mäuler, wenn ich mal bei einer Feierlichkeit fehle." Ehrlich, in 99 von 100 Fällen handelt man dann aus Zwang, Verpflichtungsgefühl oder auch aus Gewohnheit. Man geht den Weg des geringsten Widerstandes.

Doch spüre einmal ehrlich in Dich hinein. Was war danach? Wie hast Du Dich dann gefühlt, wenn Du trotz dieses inneren Widerstandes hingegangen bist? Diese Frage kann sich jeder selbst beantworten!

Das ist sicherlich alles ein Prozess, man kann nicht von heute auf morgen alles verändern und sofort von einem unauthentischen Leben umsteigen auf absolute Authentizität. Aber Du kannst in jedem Moment im Leben neu entscheiden, ob Du jetzt authentisch oder aus Deinem Verstand heraus reagierst und handelst.

Der Weg zum Authentisch-Sein auf allen Ebenen des Lebens ist für uns der Weg zum Glücklich-Sein!

Auch hier will ich von einer Erfahrung aus dem Alltag berichten:
Ich war mit einem Geschäftspartner zu einem Termin unterwegs, und er erklärte mir, wie begeistert er von seinem Fahrzeug sei. Die Technik, die Ausstattung, das Preis-Leistungs-Verhältnis, die Fahreigenschaften, also das Ganze einmal rauf und runter. Und er erklärte mir dabei, dass er überlege, sich auch einen X5 anzuschaffen. Aber wie ich seinen Ausführungen ja entnehmen konnte, würde er ihn nicht brauchen. Das war mein Einsatz. Bis dahin hatte ich zugehört. Ich fahre selbst gerne ein bequemes, schönes Auto. Wenn man mich jedoch fragt, wie viel PS es hat, oder sich nach anderen technischen Details erkundigt, muss ich oft die Schultern zucken.

Ich fragte den Geschäftspartner, ob er ihn nicht braucht oder nicht will!
Nicht-Brauchen klingt so nach:

„Ich kann ihn mir nicht leisten, würde aber gerne."
„Ich will mich nicht mit hohen Raten belasten.
„Ich bin ein preisbewusster Mensch und möchte nicht so viel ins Materielle
stecken."
usw.

Oder: *„Ich will nicht!"*
Warum auch immer ich es zum jetzigen Zeitpunkt nicht will.
Spüre die unterschiedlichen Energien, wenn Du sagst:

„Ich brauche es nicht" oder: *„Ich will es nicht."*

Verstehst Du, was ich meine? Es ist so faszinierend, wenn man die Dinge
mit diesen Feinheiten im Leben betrachtet und sich mit sich selbst und
seinem Leben bewusst beschäftigt. Denn dann ist es überhaupt erst möglich,
authentisch zu sein. Um der Geschichte noch das Ende zu geben: Das Resultat
war, er will einen X5 fahren, allerdings erst zu einem späteren Zeitpunkt.
Und noch eines sei hinzugefügt: Bei diesem Geschäftspartner ging es nicht
darum, ob er ihn sich leisten kann – das kann er. Zum Schluss möchte ich
noch darauf hinweisen, dass es sehr wichtig ist, dabei zu unterscheiden, ob
dieses „Ich will es" aus dem Verstand kommt und dadurch motiviert ist,
etwas im Außen darstellen zu können, etwas zu haben, zu tun, um vom Außen
Bewunderung usw. zu erhalten. Oder ob dieses „Ich will es" aus dem Herzen,
dem Fußballfeld kommt. Bedenke: Positives Denken funktioniert nicht. Man
kann die Suche beenden und sich bewusst für die volle Verantwortung für
das eigene Leben entscheiden und dann einfach die nötigen Schritte gehen.

Das ist M.A.C.H.T

Glücklich sein – Authentisch sein

Die meisten Menschen wollen einfach nur glücklich sein. Das ist das gewünschte Ziel, welches sie mit allen möglichen Maßnahmen und so viel Suchen erreichen wollen. Suchen hat ja auch etwas mit Sehnsucht zu tun, die Sehnsucht, glückselig zu sein. Daraus könnte man gleich wieder überleiten zu „Sucht sucht", und zwar für alle Facetten von Sucht, wie die Sucht nach Anerkennung, Liebe, Sauberkeit, Ordnung, Drogen.

Der Suchende ist sich dem, was in ihm steckt, nicht bewusst, und bevor ihm nicht bewusst ist, dass er die Macht der Veränderung zu einem erfüllten Leben in sich trägt, wird er mit der Suche im Außen nicht aufhören. Manche Menschen werden immer auf der Suche sein und noch mehr Seminare besuchen und Techniken erlernen. Es gibt auch einfach Menschen, die wollen nicht hinsehen und die Eigenverantwortung nicht übernehmen. Doch jeder steht an seinem Platz im Leben. Wir können hier nur drauf hinweisen und erzählen, wie wir glücklich geworden sind!

Ich las einmal zu diesem Thema:
Auch an dem Tag, an dem die große Erleuchtung eintritt, wird man noch genauso den Abfall zur Mülltonne tragen wie zuvor. Oder ich sage dazu: Der Fluss fließt immer. Was passiert denn in diesem Augenblick der großen Erleuchtung? Auch das konnte mir noch keiner so genau erklären. Ist es der Augenblick, in dem man seiner Intuition begegnet, seinem Geistführer, in dem man sein Ego ablegt oder sich selbst liebt wie seinen Nächsten? Es ist eben auch nur ein Augenblick, und danach ist es wieder so, dass wir in unserer Welt weiter in den Alltag eingebunden sind. Und doch verändert wohl dieser eine Augenblick ALLES ... auch die Welt, so wie ich sie sehe.

Ist es denn nicht die große Herausforderung, diese Erleuchtung, die Spiritualität, die Intuition mit all ihren Facetten, Gaben und Fähigkeiten, die sich darin auftun, in den Alltag zu integrieren – in unseren Alltag, wie wir ihn heute in unserer Zeit leben? Ich meine, dass viele Ansätze aus den Religionen nicht mehr zeitgemäß sind. Zeitgemäß für unsere Art des Lebens, der Kommunikation und somit des Umgangs miteinander. Wenn man sich die Grundsätze der einzelnen Religionen ansieht, wirklich die jeweiligen Wurzeln, dann sind sie von den Prinzipien her alle relativ gleich – und universell und zeitlos. Da beachten sie auch die Naturgesetze. Dieser ganze andere Überbau wurde von Menschen aufgrund von Machterhaltung übergestülpt, aber an sich sagen alle: Liebe Dich selbst wie Deinen Nächsten, gehe sorgsam mit der Erde und all ihren Bewohnern um, besinne Dich auf die wahren Werte, achte das Gesetz der Resonanz, beachte das Gesetz des Ausgleichs, nimm nur so viel, wie Du WIRKLICH brauchst ... tja, dann würde es hier schon ganz anders aussehen und ich wahrscheinlich nicht am PC sitzen.

Darin liegt allerdings, wie gesagt, auch die Herausforderung, sich nicht zu verlieren, sich treu zu bleiben und sich und den Themen und Werten, die einem selbst wichtig sind, genügend Zeit und Raum zu geben.

Auf die obige Frage nach der Erleuchtung bekam ich dann folgende Antwort:

ERLEUCHTUNG:
Erleuchtung ist kein „Augenblicks-Erlebnis", sondern ein Zustand, der dann dauerhaft eintritt. Es ist wie das Erwachen aus einem Traum – Du bist dann wach, und Deine Aufgabe ist es, nicht wieder einzuschlafen, nicht wieder in den Traum des Kollektivs abzugleiten. Auch erleuchtete Menschen tragen den Müll raus, putzen die Toilette – meist ändert sich ihr Leben im Außen äußerlich betrachtet NICHT. Was sich jedoch geändert hat, ist ihr Innenleben, ihr Bewusstseinszustand. Die gleichen Handlungen werden mit einem anderen Bewusstsein, mit Liebe, mit im Hier-und-Jetzt-Sein ausgeführt. Ich kann die Toilette putzen, und ich kann die Toilette putzen in Liebe und Hingabe an diese Welt, ohne Widerstand gegen diese Tätigkeit, ohne gedankliche Ablenkung, im Eins-Sein mit dem Toiletten-Putzen. Das ist

der Unterschied. Und ja, auch dann gilt es, immer tiefer und tiefer oder höher und höher in dieses Bewusstsein zu steigen, darin aufzugehen, die Illusion der Trennung – zumindest für bestimmte Zeiträume – zu verlassen. Erleuchtete Menschen schweben nicht in „anderen Sphären" – dort sind die zu finden, die vor dieser irdischen Welt flüchten. Erleuchtete Menschen sind hier mit ihren Füßen auf der Erde, und ihnen ist ihr Auftrag sehr klar. Und sie befinden sich kontinuierlich im Strom der bedingungslosen Liebe. All diese Themen haben eine Essenz: Sie führen hin zu einem authentischen, glücklichen Leben. Wesentlich dabei ist, dass man beginnt, auf sich selbst zu schauen, sich und seinen Impulsen zu folgen, seinem Gefühl und seiner Intuition zu vertrauen, dem Leben zu vertrauen. Vertrauen ins Leben ist alleine schon ein Punkt, der vielen Menschen sehr schwerfällt. Ins Leben vertrauen. Dass alles, wie es im Leben ist, gut ist wie es ist. Das bedeutet für mich auch, in Frieden zu kommen mit all dem, was bisher in meinem Leben war und geschehen ist.

Und das ist nicht immer einfach. Wie viele hadern denn mit ihrer Vergangenheit oder auch mit ihrer jetzigen Situation?
Warum ist man in dieser Situation? Ich meine, solange wir im Außen (Spiegelbild) Disharmonien und Störungen wahrnehmen, heißt es, dass wir Störungen und Disharmonien in uns haben. Und die entstehen meistens, weil wir uns eben nicht mit unserer natürlichen Fließgeschwindigkeit und in unserem natürlichen Fluss bewegen. Zu oft handeln wir aus dem Verstand heraus, was zu tun ist, was angeblich getan werden MUSS.
Oder man denkt, dass das, was man gerne täte, falsch sei, weil es nicht irgendeiner Vorgabe oder einem Verhaltenskodex entspricht.

Was könnten denn die Menschen, Nachbarn, Freunde, Arbeitskollegen und die Familie denken, wenn man sich so oder so verhält? Man nimmt Rücksicht auf die anderen, verbiegt sich und stellt sich selbst, seine Impulse und Gefühle hinten an. Erst die anderen – und dann ich. Doch es gibt immer wieder „andere", und so rutscht man auf der „Drankommen-Liste" immer weiter nach unten. Es ist nicht verwunderlich, dass so Spannungen in Deinem eigenen Seelenkörper entstehen, wenn Du eigentlich Deinem Gefühl vertrauen solltest, welches zu Deinem höchsten Wohle ist, aber Du dann doch, aus Rücksicht auf die anderen, gegensätzlich dazu handelst.

Und wenn Du das Naturgesetz der Resonanz betrachtest, kannst Du diese Spannung im Außen als Spiegelbild wiederfinden. Wenn Du also diesen Kreislauf einmal durchbrechen möchtest, dann ist es wichtig, Deinem eigenen Gefühl und dem Leben so zu vertrauen, dass Du beginnst, dieses Gefühl, Deine Impulse zu leben. Du fängst damit an, auf Dich selbst Rücksicht zu nehmen, anstatt immer nach den anderen zu schauen. Es ist schon an anderer Stelle beschrieben, dass Du Deinen Nächsten lieben sollst wie Dich selbst. Dafür musst Du jedoch erst einmal Dich selbst lieben können. Also ist es doch wichtig, erst sich selbst zu lieben, um diese Liebe dann auch weitergeben zu können. Dies ist für mich die Grundlage. Es hat meiner Ansicht nach nichts mit Egoismus zu tun, wenn Du auf Dich selbst aufpasst, darauf, was Dir guttut und was Dir das eigene Gefühl sagt. In der Praxis allerdings gelingt das den meisten Menschen nicht, da wir uns so einige „Gefälligkeiten" antrainiert haben oder sie uns beigebracht wurden. So und so haben wir zu funktionieren. Immer. In der Arbeit, in der Familie, in der Partnerschaft. Dazu kommt noch eine ganze Reihe von Zwängen. Was sich gehört, was sich nicht gehört, was zum guten Ton gehört oder zur Tradition. Wer legt das fest und warum?

Ich will dazu einige Beispiele aufführen:
Die Oma begeht ihren 70. Geburtstag, und Dein Gefühl sagt: „Ich möchte nicht hingehen." Wie viele trauen sich dann, jetzt abzusagen? Oder meldet sich da gleich der Verstand: „Das kann ich doch nicht machen, was sagt die Verwandtschaft dazu"? oder „Wie denkt die Familie über mich oder was geschieht mit dem Erbe?"

Was ist, wenn der Chef zum Geschäftsessen einlädt? Das Gefühl sagt: „Geh nicht hin!" Ich will gar nicht ausformulieren, wie viele Gedanken und Erklärungen jetzt aus dem Verstand, dem Tischtennisball heraus kommen, doch hinzugehen, obwohl Dir das Fußballfeld etwas anderes signalisiert. Bist Du wirklich verpflichtet, Deinen Angestellten oder guten Kunden ein Geschenk zu machen? Bitte, ich meine nicht, wenn Du dies aus dem Herzen heraus tust, also Dein Gefühl sagt: „Ja, ich will es!", als Zeichen wahrer Wertschätzung. Sondern wenn Du innerlich merkst, dass Du es einfach nicht tun willst – doch dann kommen all die Argumente, all die „Aber".

Warum müssen die Kinder am Muttertag besonders brav sein und Frühstück machen? Oft zwanghaft. Wäre es nicht schöner, das ganze Jahr die Wertschätzung für die Mutter und den Vater auszudrücken? Freut sich eine Mutter wirklich von Herzen über die Geschenke oder den Blumenstrauß zum Muttertag? Christine ist der Muttertag schon lange nicht mehr wichtig, genauso wenig, wie uns Geburtstage oder andere Feierlichkeiten wichtig sind. Das heißt nicht, dass wir das alles verneinen oder ablehnen oder überhaupt nicht mehr feiern. Doch entscheiden wir aus dem Moment heraus, ob wir Lust dazu haben oder nicht, wie es sich anfühlt. Bei uns herrscht kein Erwartungsdruck mehr, und das fühlt sich so gut, so befreit an.

Und jetzt mal ganz ehrlich.

Was soll denn, unter Einbeziehung des Naturgesetzes der Resonanz, im Umgang miteinander herauskommen, wenn Du Dich in vielen Situationen aus strategischen, berechnenden Gründen nicht authentisch verhältst? Wenn Du, aus welchen Gründen auch immer, eine Lüge – was „Unauthentisch-Sein" ist – in Dein Umfeld sendest. Was soll denn als Spiegelbild zurückkommen? Und bedenke dabei den Vergleich von Tischtennisball und Fußballfeld. Nimmt das Umfeld denn nicht wahr, wenn der Tischtennisball etwas sagt, das Fußballfeld jedoch völlig anders schwingt? Ist jedem klar, was es bedeutet, wenn immer mehr Menschen feinfühlig(er) werden? Dann ist die/ Deine Lüge doch schon im ersten Augenblick aufgedeckt. Es bleibt nur das Unauthentisch-Sein übrig, besonders Dir selbst gegenüber. Und darauf willst

Du aufbauen? Damit willst Du sogar glücklich werden?

NEIN. Wir sind der Meinung, dass die einzige Möglichkeit, glücklich zu werden und sich völlig frei zu fühlen, ist, immer authentisch zu sein. IMMER. Es geht auch darum, Dich dabei verletzlich zu zeigen und darauf zu vertrauen, dass Dir das Naturgesetz letztendlich und nachhaltig Menschen mit einer ähnlichen Schwingung wie Deiner eigenen – mit denen Du also in Resonanz stehst – präsentiert. Nur dann kannst Du auch ehrliche, offene, glaubwürdige und vertrauensvolle Begegnungen erwarten. Und ist es nicht das, wonach wir uns sehnen? Dass die Menschen das sagen, was sie FÜHLEN?

Wir können Dir versichern, dass es gleichzeitig ein sehr befreiendes Gefühl ist, immer authentisch zu sein, sich authentisch zu verhalten und zu sprechen. DANN musst Du nicht mehr darüber nachdenken, was Du zu wem gesagt hast, wann und wieso. Du kannst den Menschen immer offen begegnen, denn das, was Du gesagt hast, weiß der andere und fühlt es auch. Dein Fußballfeld sagt es und nicht Dein Tischtennisball. Dann bekommt Deine Aussage ein ganz anderes Gewicht, eine ganz andere Schwingung, und Dein Gegenüber spürt das. Wir haben erkannt, dass die Menschen es sehr schätzen, wenn wir immer das sagen, was wir fühlen. Auch wenn es in einigen Situationen hart klingt oder vielleicht auch hart ist. Aber unser Umfeld kann darauf vertrauen, dass es so gemeint ist, wie es von uns ausgesprochen wurde. Manchmal wird es erst später geschätzt. Und noch ein weiterer Punkt ist sehr entscheidend: Dich ins JETZT, in diesen Augenblick zu begeben und Dich damit völlig in Einklang zu bringen, egal wie die Situation gerade ist. Ich weiß, es ist in vielen persönlich harten Situationen nicht einfach, das zu akzeptieren, das zu tun: in Frieden mit dieser Situation zu gehen und zu vertrauen, dass alles gut ist so wie es ist.

Dies zu tun ist jedoch die einzige Möglichkeit, wirklich GLÜCKLICH zu sein. Oft vergleichen wir uns mit anderen Menschen und deren Lebenssituationen, und bewerten nach den Maßstäben anderer unsere eigene Situation. Doch bedenke, unsere Seele hat sich die Situation und das Leben genau so ausgesucht und möchte die damit verbundenen Aufgaben meistern und daran wachsen, um weiter zu gehen und sich zu entfalten. Du hast die Aufgabe, im JETZT zu sein, denn das ist der einzige Augenblick, in dem Du glücklich sein kannst. Denn was kommt, weißt Du nicht. Dem, was sein könnte, hinterherzuhecheln ist nur die Illusion des Verstandes, der Dich davon ablenkt, Dich im JETZT mit Dir selbst zu beschäftigen. Deine Aufgabe ist zu schauen, wo die Disharmonien und Störungen sind, und zwar im JETZT. Und Dich nicht in Gedankenspielen von „Wenn ... dann ..." zu verlieren. Sondern ins JETZT zu kommen, hier zu schauen und zu lösen. Nur im Hier und Jetzt kannst Du selbst beginnen, etwas für Dich zu tun.

Das ist die M.A.C.H.T, die Du hast. Ausgestattet mit Deiner Intuition, Deiner Führung und den Werkzeugen der geistigen Welt, kannst Du es schaffen, die Steine selbst aus dem Weg zu räumen. Das Jetzt und die Spiegelbilder im Jetzt zeigen Dir auf, wo Du anzusetzen hast: Dich auf den Weg zu machen und zu erkennen, dass der Weg, die Erfahrung das eigentliche Ziel ist – statt den Zielen hinterherzujagen, da dies Dich im Jetzt immer unzufrieden sein lässt, weil Du nie im Einklang bist mit dem, was Du gerade hast und willst. Ist wird nie Sollen sein. Das ist der direkte Weg zum Glücklich-Sein! Und wir sagen bewusst nicht „zum Glücklich-WERDEN".

Wer jetzt sagt, dass es dann doch sinnlos sei zu planen, dem gebe ich Recht. Und trotzdem können wir Ziele haben. Eben nur keine Pläne. Neun von zehn Plänen funktionieren eh nicht so, wie man es gerne hätte und wie man es geplant hat.

Beleuchten wir das Thema „Planen" und „Ziele haben" doch etwas genauer. Für mich liegt es an der Art, wie ich mit dem Planen von Zielen umgehe. Ein feiner Unterschied, den ich für mich erfahren habe. Wenn man ein Ziel aus dem Herzen heraus hat, also aus dem Fußballfeld und nicht aus der Sicht des Verstandes, dem Tischtennisball, dann kannst Du Dir das so vorstellen, als zieltest Du mit einem Pfeil darauf. Am Anfang hast Du noch die Möglichkeit zu planen und gewisse Faktoren zu berücksichtigen.

Wie fest spanne ich den Bogen? In welchem Winkel halte ich den Pfeil?

Wie weit ist das Ziel entfernt? Gibt es Wind? Wenn Du dies alles in diesem Augenblick, im Jetzt berücksichtigt und entschieden hast, dann ist es nun Deine Aufgabe, den Pfeil loszulassen und darauf zu vertrauen, dass es sich so entwickelt, wie es zu Deinem höchsten Wohle ist. Es ist Dir eben nicht möglich, die ganze Zeit neben dem Pfeil her zu laufen und ihn in der ihm von Dir zugedachten Bahn zu halten. Ich schmunzle gerade bei der Vorstellung ...

Nein, Du kannst nicht kontrollieren, ob ein Windstoß von der Seite kommt oder der Schusswinkel richtig war. Du wirst es erst sehen, wenn der Pfeil sein Ziel erreicht hat oder auch nicht. Und so lange kannst Du Dich ganz dem Jetzt widmen und Dich Deinem jetzigen Gefühl hingeben, wenn Du glücklich sein willst. Denn es werden aus dem Fußballfeld die richtigen Impulse für das kommen, was im Jetzt zu tun ist, wenn Du Deine Aufmerksamkeit darauf richtest. Manchmal kann sich ein Gefühl oder Impuls während der Flugphase des Pfeiles ändern. Dann heißt es, authentisch zu bleiben und auch diesen Impuls wieder zu leben und ihm zu folgen.

Uns, Christine und mir, wird heute immer wieder nachgesagt, dass wir sehr authentisch leben. Und gleichzeitig sagen manche, dass wir sehr sprunghaft sind. Natürlich kann sich ein Gefühl, ein Impuls auch verändern. Es liegt in der Natur der Sache, dass nichts starr, sondern in ständiger Bewegung ist. Der Fluss fließt IMMER und bringt somit IMMER Veränderungen. Das gilt es zu akzeptieren. Die Veränderung ist die einzige Konstante. So hat jeder die M.A.C.H.T, sich um seine eigenen Situationen zu kümmern, seinen Energiekörper zu harmonisieren und in eine DUR-Tonart zu bringen. Wenn es Dir bestimmt ist, wirst nun Du Oktave für Oktave erobern, manchmal fließend leicht und manchmal wie durch Stromschnellen. Doch Du wirst irgendwann das Gefühl einer Grundzufriedenheit und einer Grundglücklichkeit in Dir spüren, egal in welchem Tempo und in welcher Oktave Du gerade unterwegs bist. Christine und ich spüren das schon länger, diese wundervolle Grundharmonie, ohne diese extremen Ausschläge nach oben oder unten. Das

Leben ist so, wie das Leben nun einmal ist: ein AUF und AB, ein ständiges „Sich-weiter-Entwickeln“. Es bleibt nicht stehen. Es reiht sich ein Augenblick an den nächsten. Und auf den einen glücklichen Augenblick folgt dann sofort der nächste. Ich kenne viele Situationen, die ich gerne festgehalten hätte, aber dies geht nur für kurze Zeit.

Unser großer Sohn sagte einmal am Frühstückstisch: „Eigentlich haben wir doch jede Sekunde Geburtstag.“ Und ein chinesischer Arzt sagte einmal zu Christine: „Wenn DU glücklich bist, kannst Du heiraten, wen Du willst.“ Werde selbst glücklich, dann wirst Du ein Segen sein für Dein Umfeld und Dein Leben. Das bedeutet die M.A.C.H.T, Dein Leben zu leben. In voller Verantwortung für das, was Du tust.

Überprüfe einmal Folgendes:

Was brauchst Du, um glücklich zu sein?
Okay. Und was brauchst Du wirklich, um glücklich zu sein?

Ohne was kannst Du nicht leben?
Was magst Du an Dir?
Was darf niemand von Dir wissen?
Was „musst“ Du verheimlichen?
Was verheimlichst Du sogar vor Dir selbst?
Wofür schämst Du Dich?
Wofür verurteilst Du Dich?
Welche Gefühle und somit Qualitäten traust Du Dich nicht auszuleben?

Wenn Du Dir selbst ehrlich antwortest, zeigt Dir das Deine wahren Sehnsüchte und Ängste. Je mehr Du sie ablehnst, desto weiter entfernst Du Dich von Dir. Je mehr Du zu ihnen stehst und je mehr Du Dich zu ihnen bekennst, desto authentischer bist Du.

Steh zu Dir!
Mit allen Facetten Deines Seins.

Wir alle haben Schattenseiten! Aber wer definiert sie denn als Schatten? Vielleicht ist gerade dort unser Licht zu finden? Womöglich verbirgt sich gerade dahinter Deine Kreativität, Heilung und alle möglichen Gaben. Du bist wundervoll und einmalig! Wenn Du zu Dir stehen kannst, so wie Du wirklich bist – dann bist Du bei Dir angekommen! Und wer weiß, welche Geschenke dann dort auf Dich warten? Doch hier kommt der nächste Knackpunkt: Geh diesen Weg ohne Erwartungshaltung! Einfach nur von Augenblick zu Augenblick!

Leben im Jetzt – Im Fluss des Lebens sein

Wir hörten dieses „Leben im Jetzt" zwar oft, aber was genau damit gemeint war, konnte uns nie wirklich jemand erklären. Zumindest nicht so, dass wir für uns verstanden hätten, was damit gemeint ist. Im Jetzt leben, wo doch jeder so viele Verpflichtungen hat, seien es die privaten, die familiären oder die Termine im Beruf und Geschäft. Da kann man doch nicht einfach im Jetzt leben. Erst als mir mein Begleiter Saint Germain einige bildliche Beispiele gab, wurde mir auch dieses Thema klarer. Ich möchte wieder ein Bild verwenden, um aufzuzeigen, worum es geht: Wir sollten unser Leben doch betrachten, als trieben wir uns auf einem Floß einen Fluss hinab. Damit sind schon einmal zwei Dinge klar: Das Leben beginnt an der Quelle des Flusses, und wenn das Leben dann zu Ende geht, mündet der Fluss ins Meer – früher oder später, doch das ist sicher. Im Flussverlauf gibt es Stromschnellen, Strudel und auch Wasserfälle. Diese Wasserfälle sind nichts anderes als der Wechsel von Zuständen. Aus dem fließenden Wasser wird ganz feiner Wasserstaub, der sich am Fuße des Wasserfalls wieder zu einem Fluss sammelt. Diese Übergänge sind irdisch z.B. mit der Pubertät oder anderen einschneidenden Ereignissen zu vergleichen. Aber das Wasser des Flusses fließt immer weiter. Der Fluss symbolisiert das Leben, und Du mit Deinem Floß bist in diesem Augenblick des Lebens, wo Du Dich in Deinem Leben gerade physisch befindest. Also im Jetzt. Warum ich das so betone, dazu komme ich gleich. Das Floß, auf dem Du Dich befindest, ist ein sehr gemütliches Floß. Auf diesem befindet sich eine Liege, auf der Du es Dir bequem machen kannst. Und Deine Aufgabe wäre/ ist es, Dich so dahintreiben zu lassen. Mehr nicht. Denn der Flusslauf (= das Leben) ist eben nun mal so, wie der Flusslauf nun mal ist.

Wir wissen nicht genau, wohin er geht, und wir wissen nicht genau, ob oder wann Abzweigungen kommen und an welcher wir welche Richtung einschlagen. So wie das Leben eben ist.

„Erstens kommt es anders, und zweitens als man denkt".

Allerdings gelingt den meisten Menschen dieses „Sich-treiben-Lassen" nicht so wirklich. Beobachte doch einmal selbst die Menschen, höre hin, was sie sagen. Viele erzählen sehr ausführlich, was ihnen in der Vergangenheit alles widerfahren ist, was auf der Arbeit tagsüber so alles geschehen ist; oft wird dabei noch über die Kollegen oder den Chef hergezogen.

Sie erzählen, wie der letzte Urlaub war. Oder einige hadern mit der Vergangenheit, sprechen darüber, was oder wer ihnen alles geschadet hat oder welche gesundheitlichen Schwierigkeiten sie haben. Bedenke dabei die Resonanzenergie. Was soll da denn zurückkommen, wenn man so in den Wald hineinruft? Bitte versetze Dich nun wieder auf das Floß und bedenke Folgendes: Alles, was vorbei ist, liegt flussaufwärts. Und wenn Du darüber redest, egal ob es positive Ereignisse oder negative Erlebnisse sind, bedeutet das, dass Du versuchst, mit dem Floß flussaufwärts an diese Stelle zurückzupaddeln, mit Deinen eigenen Armen – und das jetzt 14 Tage zurück oder vielleicht zwei Jahre zurück zum letzten Highlight in Deinem Leben.

Und jetzt ist eines klar:

Flussaufwärts zu paddeln ist generell gegen die Strömung des Lebens-Flusses. Und selbst an einen Ort zu paddeln, der 14 Tage zurückliegt, wird kaum möglich sein. Wenn es Dir trotzdem gelingen sollte, ist dies nur mit einem enormen Kraftaufwand zu bewältigen, allerdings mit dem Ergebnis, dass irgendwann die Arme und Muskeln so zu brennen anfangen, dass Du vor Ermüdung die Arme in den Fluss hängen lassen wirst und Du Dich wieder mit der natürlichen Strömung treiben lassen MUSST. Denn es entspricht eben nicht der Natur, sich gegen die Strömung zu bewegen. Manch andere Menschen befassen sich nicht so sehr mit der Vergangenheit, sondern finden den derzeitigen Zustand in ihrem Leben so super, dass sie ihn unter allen Umständen und mit großer Kraftanstrengung beizubehalten versuchen. Man möchte das Glück in der Familie, den Erfolg im Beruf oder die wirtschaftliche Situation so erhalten, wie man es bis jetzt erreicht hat. Man will eben diesen Zustand festhalten, weil man der Überzeugung ist: Es ist sooooo gut!

Auch hier bitte ich Dich, dieses Bild vom Floß auf dem Fluss des Lebens zu übertragen: Wenn Du versuchst, etwas festzuhalten, ist es gleichbedeutend mit Folgendem:
Auf dem Fluss an der Stelle stehen bleiben zu wollen, wo Du Dich gerade im Augenblick befindest, da diese Stelle so schön ist. Das heißt, Du musst schon wieder beginnen, gegen die natürliche Fließgeschwindigkeit, gegen die Strömung des Lebensflusses zu paddeln, um an der gleichen Stelle des Flusses bleiben zu können. Auch dafür musst Du Kraft aufwenden, was dazu führt, dass Du Dich irgendwann erschöpft fühlst, kraftlos bist und Dir eingestehen musst, dass es nicht möglich ist, dauerhaft gegen die Strömung anzukämpfen, nur weil Dir persönlich diese Stelle besonders gut gefällt. Der Fluss fließt immer, und das einzig Konstante dabei ist, dass sich der Fluss ständig verändert.

Ein Indianer formulierte es so:
„Er betritt an der gleichen Stelle des Ufers mit seinem Fuß niemals den gleichen Fluss."

Das Leben ist eine ständige Veränderung, und das gilt es zu akzeptieren. Die Augenblicke, so schön sie sein mögen, lassen sich nicht festhalten. Wir können uns nur von Augenblick zu Augenblick bewegen, freuen, leiden, trauern, lachen und einfach nur leben. Alles andere bedeutet, dass es unnatürlich und gegen die Strömung des Lebens ist und somit viel Kraft kostet. Jetzt kommen wir zu einer weiteren Gruppe von Menschen, nämlich denen, die ständig mit ihrer Aufmerksamkeit und ihren Gedanken in der Zukunft sind – oder sollte ich besser sagen, in die Zukunft flüchten, um die Gegenwart nicht fühlen zu müssen? Wir kennen das sehr gut, da wir lange Zeit so gelebt haben: Wenn wieder Geld eingeht, dann gönnen wir uns dieses oder jenes. Man muss sich ja belohnen.

Im nächsten Urlaub kann man sich endlich erholen!

Am nächsten Wochenende hat man die schöne Feier oder Party. Endlich ist Freitag! Nach der Arbeit, am Feierabend, da lassen wir es uns gut gehen. Wenn wir unser Haus gebaut haben, dann sind wir glücklich und frei. Viele planen und stylen ihr Leben durch und hecheln dann, den meist von ihnen selbst sehr hoch gesteckten Zielen hinterher, um dann zu erkennen, dass das Erreichen des Ziels sie weder glücklich macht noch das Ende darstellt, sondern dass das Leben einfach lückenlos weitergeht, einfach neue, weitere Herausforderungen kommen, es eben keinen festen „Endzustand" gibt.

Wenn ich dies nun auf mein Beispiel des Floßes übertrage, dann sind das die Menschen, die mit der jetzigen Situation unzufrieden sind und mit aller Kraft flussabwärts paddeln wollen, weil sie meinen, dort sei alles anders und schöner und besser. Allerdings verändert dieses Hinunter paddeln genauso die natürliche Fließgeschwindigkeit des Flusses, wenn auch mit einem wesentlich geringeren Kraftaufwand.

Doch das dahinterstehende Thema ist das gleiche:

Man gesteht sich ein, dass man mit der Situation im Jetzt nicht zufrieden ist, sich mit den Gegebenheiten in der jetzigen Situation nicht auseinandersetzen will oder man denkt, dass flussabwärts etwas wesentlich Schöneres auf einen wartet.

Aber wissen wir, was uns erwartet? Also, warum sich nicht im Jetzt bewusst den Situationen widmen, die sich aufzeigen oder den Augenblick einfach genießen, wie er ist. Warum nicht einfach innehalten und die Schönheit des Flusses und des Ufers betrachten? Ja, ich weiß, es kann ganz schön schwierig sein, nicht mit den Gedanken in Richtung Vergangenheit oder Zukunft abzuschweifen. Ich behaupte, dass unsere einzige Aufgabe darin besteht, sich treiben zu lassen und jeden Moment im Leben so anzunehmen, wie er nun mal ist.

Die M.A.C.H.T, die Du hast, besteht darin, die Richtung des Floßes zu bestimmen, mal mehr nach links, mal mehr nach rechts, weil es da schöner aussieht, eher am Ufer entlang oder direkt in der Mitte des Flusses. Oder einem Hindernis, einem Strudel auszuweichen. Oder Du steuerst das Floß bei der nächsten Flussgabelung in die Richtung, wo es sich für Dich gut anfühlt. Du kannst die Richtung und eventuell auch den Weg bestimmen, doch was Dich dort erwartet, das unterliegt nicht Deiner Kontrolle. Wenn es sein soll, dass Du die Erfahrung einer Stromschnelle oder eines Wasserfalls machen sollst, werden Dir diese so lange auf dem Fluss begegnen, bis Du diese gemeistert hast.

Du wirst eh den ganzen Fluss hinunterkommen. Der Fluss mündet immer ins Meer, früher oder später ... Die Frage, die sich dabei stellt, ist, ob Du jeden Augenblick wirklich bewusst wahrgenommen hast. Es wäre so einfach und so schön, Dich nur zurückzulehnen und den Ort auf dem Fluss zu genießen, wahrzunehmen, zu leben und die Schönheit darin zu erkennen. Egal, wie es ist. Es gibt immer etwas Schönes. Auch die Stromschnellen des Flusses können etwas Schönes in sich verbergen, wenn Du bereit bist, Dich darauf einzulassen. Denn alles im Leben hat seinen SINN. Viele sind auf der Suche nach dem Sinn des Lebens, ja schaue es Dir doch mal im Hier und Jetzt genau und bewusst an, und versuche, den Sinn wahrzunehmen. Wenn Du auf der Suche bist, dann schaust Du flussabwärts und wartest darauf, was denn nach der nächsten Kurve so kommt oder Dich erwartet, und Du vergisst dabei, das Jetzt wahrzunehmen. Wer das Leben nicht genießen kann, der sucht nach dem Sinn.

Bedenke: Da, wo Du mit Deinem Floß bist, das ist der Augenblick, in dem Du lebst, in dem Du stattfindest.

Erst wenn Du im Einklang bist mit Deiner jetzigen Situation, mit Deiner Vergangenheit, die Dich genau dahin gebracht hat, wo Du jetzt bist. Erst wenn Du nicht nach irgendeinem Zustand, der in der Zukunft liegt, hinterherhechelst, da Du eh nicht weißt, wie es sich entwickelt. Erst wenn Du nicht vergleichst und nicht bewertest, wirst Du im Jetzt beginnen können, die Schönheit Deines Lebens zu erfassen und somit eine Grundzufriedenheit erlangen und glücklich sein.

Also:

Lehne Dich auf Deinem Floß zurück. Genieße den Ausblick.
Vertraue Dir, vertraue dem Fluss und vertraue dem Leben.
Genieße den Augenblick,
DENN der Augenblick ist das Einzige, was DU hast.

Symbolkraft,
die Dir den Weg zu Deiner Macht weist!

Der Umgang mit den Symbolen, mit den Energien führt zum Erlernen der inneren Sprache und zur persönlichen Offenbarung der kosmischen Ordnung, zur eigenen Entfaltung der Meisterschaft. Ich habe Zugang zu uneingeschränktem Wissen und zu „Werkzeugen" aus der mystischen Sprache der Symbole, und zwar aus „erster Hand" – da ist nichts, was ich mir angelesen oder kopiert habe. Es ist in mir! Diese Art von Arbeit, die wir tun, wird immer wieder als mystisch dargestellt, besonders von Orden und Vereinigungen, die sich hier jedoch sehr bedeckt halten. Für mich ist diese Art von Sprache nicht mystisch, sondern ein wundervoller, klarer Weg, zu erkennen und Schöpfer seines Lebens zu sein! Und ich finde, dieses Wissen sollte einfach frei werden – frei zugänglich für alle!

Der Weg der spirituellen Entfaltung ist ein langer Weg, der keine Abkürzungen kennt und der bis zur Erleuchtung und spirituellen Meisterschaft führen kann. Jetzt könnte man wieder ellenlang diskutieren und philosophieren, was denn Erleuchtung bedeutet. Ich fühle mich – nach einem steinigen Weg des Erlernens der Geheimnisse, die die Symbolik in Verbindung mit den Naturgesetzen in sich birgt – in allen Bereichen meines Lebens einfach zufrieden und glücklich. Und doch ist Leben Leben! Mit all seinen Höhen und Tiefen. Nach der Erleuchtung, der spirituellen Meisterschaft in sich geht man nur von Grund auf „anders" mit den Erfahrungen im täglichen Leben um! Dieser wesentliche Weg zur Meisterschaft, zum Glücklichsein führt bei uns über die Kraft der Symbole und der unvergänglichen Lehre über die Gesetze der Schöpfung und des Menschen, die vor allem geistiger Natur sind und in einer praktischen Lebensphilosophie münden.

Unsere Grundsatzlehre:
„Erkenne Dich selbst, das Göttliche in Dir!"

Denn jeder Mensch hat es in sich, und jeder hat den Zugang dazu, nur sind oftmals die Zugänge nicht mehr sichtbar, fühlbar oder aber verbaut, durch welche Erfahrungen auch immer! Die innere Sprache, die durch die Symbolik belebt wird, liefert die Schlüssel zu vielen kosmischen Möglichkeiten, die wiederum in jedem Menschen verankert sind. Erkenne Dich so, wie Du wirklich bist.

Und nun der praktische Teil

Kapitel 2:
Praxis

Die Symbolik und ihre Möglichkeiten

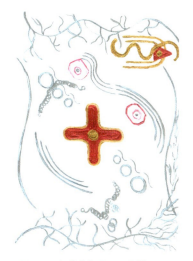

Energiefeld Herzöffnung

Bitte beachte vor dem Einsatz der Symbole die folgenden zwei Schritte und handle BEWUSST und aus dem Herzen heraus!!

Schritt 1:

Aktivierung oder Intensivierung Deiner Herzkraft. Höre Dir die CD der Herzöffnung an! Nimm Dir die Zeit und schaffe Dir Ruhe für diesen Augenblick. Zünde Dir eine Kerze an, schalte die Telefone aus und lasse meine Worte und die Energien einfach auf Dich wirken.

Schritt 2:
Abstimmung der Energie der Zeichen auf Deinen Energiekörper.

Hier gibt es zwei Möglichkeiten.

Möglichkeit A:
Breite all die Symbole und Zeichen kreisförmig um Dich herum aus, bis auf das Aktivierungsenergiefeld. Dies lege auf Dein Herz-Chakra. Begib Dich nun in die Mitte der ganzen Symbole und höre dann die CD mit den Worten der Aktivierung von mir an.

Möglichkeit B:
Lege die Symbole alle auf einen Stapel und ganz oben darauf das Aktivierungsfeld. Nun lege einfach Deine Herzhand (linke Hand) auf den Stapel und höre dann die CD mit den Worten der Aktivierung von mir an.

Die Herzkraft-Meditation und die Aktivierungs-Meditation kannst Du je nach Gefühl immer mal wieder wiederholen. Das kann nach ein paar Wochen oder Monaten sein, oder wann immer Dein Gefühl danach verlangt. Gerade am Anfang empfehle ich, die Herzkraft-Meditation öfter anzuhören. Es wird nie gleich sein – spüre und fühle selbst. Es kann auch nie zu viel sein. Die Stärke der Energie, die Intensität der Herzkraft passt sich immer im Einklang mit der göttlichen Ordnung Deinem IST-Zustand an.

Bedeutung, Variation und Einsatzmöglichkeiten der Kraft der Symbolik

Ich möchte noch einmal betonen, dass die Energien, die in diesem Buch beschrieben werden, für alles anzuwenden sind: für Körper, Geist und Seele, für Deine Kinder, für Tiere, für alle Bereiche Deines Alltages und des Berufslebens, für Gegenstände, Firmen, Logos, Arbeitsplätze – es gibt keine Grenzen. Nur der Verstand begrenzt unsere Möglichkeiten. Ich werde so ausführlich wie möglich jedes einzelne Symbol und seine Beziehung zu dem Engel oder Geistwesen, der bzw. das hinter diesem Zeichen steht, beschreiben. Anfänglich schien mir dies sehr viel Arbeit zu sein, und ich war unsicher, ob ich überhaupt so viel zu den Symbolen schreiben solle. Doch meine Geistführer gaben mir den Hinweis, dass Robert und ich seit dem Jahr 2007 tagtäglich mit den Energien arbeiten, sie ohne Begrenzung in unser Leben integriert haben und vieles mittlerweile ganz automatisch geschieht. Für jemanden, der bis heute damit wenig bis gar nichts zu tun hatte, muss ich sie so ausführlich wie möglich beschreiben und den Facettenreichtum der Anwendungsmöglichkeiten herausarbeiten und aufzeigen. Sei Dir bewusst, dass das alles nur Anregungen sind, um selbst damit Erfahrungen zu machen! Alles, absolut ALLES ist mit dieser Kraft möglich.

Angewendet AUS und MIT dem Herzen! Das ist wichtig!

Denn wenn die Energie der Symbole aus dem Ego heraus oder anderen niederen Beweggründen eingesetzt wird, wirkt die Kraft der Symbole trotzdem! Auch bei Beweggründen wie Neid, Gier oder wenn man nur an sich denkt („Nach mir die Sintflut"!), wenn das höchste Wohl für alle Beteiligten nicht beachtet wird. Jeder ist für sich, seine Taten oder Nicht-Taten und sein ganzes Leben selbst verantwortlich. Und somit hat auch jeder die Auswirkungen selbst zu verantworten, denn ich habe den Auftrag, die M.A.C.H.T frei zu geben. Du hast die Macht und die freie Entscheidung darüber, wie Du mit den Symbolen wirkst! Ich habe so lange gebraucht, dieses erste Buch zu schreiben, weil ich genau davor Angst hatte! Angst, dass ich damit diese Menschen darin unterstütze, noch mächtiger und skrupelloser zu werden. Erzengel Metatron sagte zu mir, als ich um Hilfe für diese Entscheidung bat: „Du entscheidest nicht über Leben und Tod, Du entscheidest nicht, wer der Dunkelheit zugewandt ist und wer dem Licht! Wir haben Dich auserwählt, Dir diese MACHT zuteilwerden lassen, weil Du tust, ohne zu beurteilen, was Du tust!"

Hier meine Formulierung, die ich immer verwende, bevor ich mit meiner Arbeit oder mit den Zeichen beginne:

„Es soll in der Kraft und Intensität gewirkt werden, wie es zum höchsten Wohle aller Beteiligten ist. Und es soll das geschehen, was göttlich vorgesehen ist. Nicht mein Wille geschehe. Ich bitte um die göttliche Ordnung!"

Mit diesem Satz kannst Du sicher sein, dass alles gut ist, und Du kannst ganz dem vertrauen, was geschieht! Man kann jedes Symbol auch gedanklich aktivieren. In intensiven Phasen und Situationen ist es jedoch auch heute noch gut für mich, die Symbole einfach nur auf meinen Körper aufzulegen oder in die Herzhand zu nehmen und die Energie zu spüren. Alles, was ich Dir hier schreibe und erkläre, habe ich selbst auf diese Weise schon erfahren, ausprobiert und in den vielen Einzelsitzungen und auf Seminaren praktiziert. Doch sind die Anwendungsmöglichkeiten grenzenlos. Meine Ausführungen stellen nur einen Bruchteil der Möglichkeiten dar, die es gibt. Nur würde es ein dickes Lexikon werden, wenn ich jedes Zeichen so detailliert ausformulierte mit allem, was ich dazu bekomme. Die Information aus der geistigen Welt war, dass jedes Symbol, jede Energie ein Wissen birgt, das dem Inhalt mehrerer

Bücher entspricht. Also lerne, damit umzugehen und diese Energien in Dein Leben zu integrieren. Sei Dir der Kraft bewusst und nutze sie aus Deinem Herzen heraus. Bitte IMMER um göttliche Führung. Dann ist alles gut.

Für mich sind diese Zeichen wie Babys. Energien, die ich liebe wie meine Kinder. Genauso sorgsam, wertschätzend und liebevoll ist mein Umgang damit. Ich habe die Erfahrung gemacht, dass viele Menschen anfänglich die Symboliken nicht fassen konnten, sich nicht hingezogen oder angesprochen fühlten und somit wenig damit gewirkt haben. Erst als ich ihnen erklärte, sich vorzustellen, dass hinter jeder Energie und hinter jedem Zeichen ein Lichtwesen steht, ein Engel, ein Vertreter eines Sternenvolkes oder eines Urvolkes wie z.B. der Atlanten, der Mayas oder der Inkas, konnten sie einen Bezug zu ihnen aufbauen und damit eine engere Verbindung. Die Zeichen sind „nur" die Brücke zur Energie, Kraft und Magie dieses Lichtwesens. Deshalb sind auch die Anwendungsmöglichkeiten so vielfältig. Verbinde Dich mit den Lichtwesen, nenne sie beim Namen und lasse Dich einführen in die Welt Deines Seins. In die Welt des Lichtes und des Schattens, in die Ebene, in der alles möglich ist. Die Lichtwesen brauchen uns als Kanal, denn der Geist allein wird die Materie nie beherrschen können. So wurde es mir erklärt.

Diese einfache Anleitung zum Aktivieren der Symboliken kannst Du für und bei allen Energien in diesem Buch anwenden.

Im VERTRAUEN – jetzt beginnen!

1. Triff nun die klare und bewusste Entscheidung, jetzt die Schritte zu gehen, die für Dich vorgesehen und zu Deinem höchsten Wohle sind.
2. Gehe nun ins Vertrauen. Nimm Dir Zeit und Ruhe für diesen Augenblick, wertschätzend für Dich und für diese Lichtarbeit.

3. Lege nun die linke Hand (die Herzhand) auf das Symbol/die Symbole, die Du Dir ausgewählt hast. Du kannst die Karte (Symbol, Codierung usw.) auch auf Deinen Körper auflegen, da, wo Heilung notwendig ist, oder auf die Stelle, wo es die Karte „hinzieht". Bist Du Dir unsicher, welche Vorgehensweise für Dich stimmig ist, folge einfach Deinen Impulsen.

4. Schließe die Augen und bitte um Verbindung mit dem Göttlichen.

5. Sobald Du das getan hast, aktiviert sich die Lichtenergie, das Symbol, die Codierung in der Kraft, Intensität und Ausrichtung für Körper, Geist und Seele, wie es für Dich JETZT zum höchsten Wohle ist.

6. Es stellt sich die göttliche Ordnung ein, so wie es nun für Dich vorgesehen ist.

Gehe nun nahtlos über in eine Meditation oder Heilsitzung, wie auch immer Du dies praktizieren möchtest. Ich stelle mir oft vor, dass ich die Energie des Symbols einatme und sie sich dadurch in meinem ganzen Körper verteilt, jede Zelle erreicht. Dazu atme ich ganz bewusst entweder in jedes Chakra einzeln oder nur ins Wurzel- oder Herz-Chakra. Du kannst die Energie auch einfach durch das Kronen-Chakra einatmen und durch das Wurzel-Chakra wieder in Mutter Erde ausatmen. Es gibt so viele Möglichkeiten.

Eine andere Möglichkeit ist, das Symbol auf den Körper aufzulegen und einfach während einer Meditationsmusik Deiner Wahl wirken zu lassen.

Eine weitere Möglichkeit ist, die Zeichen, die Du Dir ausgesucht hast, oder die Arbeit, die Du damit tun möchtest, mit der Meditation der Herzkraft zu tun. Dafür gehe wieder in Ruhe, lege die Zeichen auf das Herz-Chakra oder auf einen anderen Bereich auf, und fange an. Bitte immer um göttliche Führung und dass alles so geschieht, wie es für Dich und für alle Beteiligten zum höchsten Wohle ist. Lass Dich führen und inspirieren, was für Dich stimmig ist. Alles ist möglich. Es ist immer Dein Gefühl wichtig.

Wie gehe ich bei Kindern vor?

Bei Kindern folge bitte ebenfalls Deinem Gefühl. Eine Möglichkeit ist, die Energie einfach unter die Matratze des Kindes zu legen und die Engel zu bitten, dass das geschieht, was für das Kind sein soll. Die Energie bzw. das Symbol dort mindestens vier Wochen liegen lassen; es kann dazu auch kopiert werden, die Energie und Kraft des Symbols bleibt bestehen! Eine zweite Möglichkeit ist, Deinem Kind eine schöne, spannende Geschichte darüber zu erzählen, dass diese Karte von den Engeln geschickt wurde, um zu helfen – wie auch immer jede Mama oder jeder Papa das erzählen möchte.

So viele Kinder sind hoch sensitiv und meist viel offener im Umgang damit als die meisten Erwachsenen! Wenn Du diese Variante wählst, dann lege nach der Geschichte dem Kind das Symbol bzw. die Karte auf die Brust oder den Bauch und halte Deine Herzhand darüber. Zelebriere dies mit Deinem Kind. Rufe nun die Engel, die hinter dieser Energie stehen. Schließt beide die Augen und schaut Euch die Engel gemeinsam an, wie sie aussehen, wie schön sie leuchten und glitzern. Du wirst erstaunt sein, was Dir Dein Kind vielleicht erzählen wird. Zum Abschluss lass Dein Kind entscheiden, ob es die Symbolkarte vielleicht unter dem Kopfkissen haben möchte, auf dem Tischchen neben dem Bett oder Du die Karte einfach wieder zu ihren anderen „Engelsfreunden" legen darfst.

Doch Du darfst jeweils selbst entscheiden, wie Du bei Deinem Kind vorgehen möchtest – in Vertrauen und Eigenverantwortung!

Der Obelisk

Immer und für jeden Bereich einsetzbar.
Mir hat er schon viele Wünsche erfüllt!

Ein Allrounder unter den Energiezeichen.

Am Schönsten ist es, einen speziellen Energieplatz für
den Obelisken einzurichten, siehe weiter hinten im
Buch.

Ich verwende den Obelisken für alle Bereiche unseres Seins:

1. Gesundheit, Körper
2. Partnerschaft, Ehe
3. Familie, Kinder
4. Beruf
5. Materielle Ebene, Finanzielles, Wirtschaftliches
6. Spirituelle Entwicklung und alles, was dazugehört ...

Wenn in all diesen Bereichen Harmonie und Zufriedenheit ist, wenn all diese Bereiche ausgewogen sind, das ist GLÜCKLICH-SEIN – für uns! Nimm Dir Zeit, setze Dich hin und fühle in die unterschiedlichen Bereiche Deines Lebens. Erst in den gesundheitlichen Bereich, dann in Partnerschaft oder Ehe usw. und schreibe das auf Deinen Zettel, was Du Dir zum jeweiligen Zeitpunkt für diese Ebene wünschst, was sich verbessern könnte, was Du Dir als Ziel vorstellen kannst. Ich sage immer: Geh in die Einfachheit, und vieles darf auch ganz einfach geschehen, doch hier ist Dein voller Einsatz gefragt. Beschäftige Dich mit dem Obelisken, den Möglichkeiten und besonders mit Dir, Deinen Wünschen und Zielen. Der Weg ist das Ziel, und mit dem Obelisken spannen wir immer wieder den Bogen und lassen Pfeil um Pfeil mit einem Wunschziel fliegen. Jeder Pfeil, jeder Wunsch sucht sich somit seinen Weg! Sei ganz klar in Deinen Wünschen und in dem, was Du Dir bestellst. Ernsthaftigkeit gepaart mit Vertrauen, Herzkraft und Leichtigkeit sind hier die Erfolgsgaranten. Das heißt, je genauer Du arbeitest und Deine Ziele, die Schwingung, die das Ziel annehmen soll, präzise ausformulierst und Dir dabei ganz sicher bist, was Du willst, umso besser wird das Ergebnis sein. Immer wenn Du mit dem Obelisken wirkst, die Energien neu aktivierst, dann stelle Dir vor, dass alles, was Du dort formuliert und liegen hast, auf den Flügeln eines Schmetterlings in das Universum getragen wird und sich seinen Platz im morphogenetischen Feld sucht. Das ist die Leichtigkeit!

Gebrauchsanweisung Obelisk:

1. Für den Obelisken brauchst Du folgende drei Symbole: Das Energiefeld/ Herzöffnungsfeld, den Zielbogen/Lichtbogen und den Obelisken. Gerne kannst Du Dir das Herzöffnungsfeld, den Obelisken und den Zielbogen kopieren, so dass Du diese für das Ziehen der Tagesenergien zur Verfügung hast.

2. Schreibe Deine Wünsche und Ziele auf. Auf jedes Kärtchen nur ein Ziel, klar und deutlich in seiner Energie und Schwingung. Das kann alles sein. Je genauer Du arbeitest und je präziser Du Deine Ziele, die Schwingung, die das Ziel annehmen soll, ausformulierst – Dir ganz sicher bist, was Du willst – umso besser wird das Ergebnis sein.

3. Stelle Dir die Schwingung, das Gefühl vor, wie sich das Ergebnis anfühlt oder auszusehen hat. FÜHLE die Freude bei der Erfüllung des Ziels in DIR. Umhülle die Kärtchen mit diesem Gefühl.

4. Aufbau: Lege nun die Ziel-Kärtchen auf Deinen Energieplatz, lege darauf das Energiefeld/Herzöffnungsfeld, darauf dann den Obelisken und den Lichtbogen. Diese Endschwingung, diese Freude, das Glück, wenn Deine Wünsche in Erfüllung gehen, diese Schwingung projiziere in den Hohlkörper des Obelisken und richte auf dieses Ziel den Zielbogen/ Lichtbogen. Er potenziert noch einmal alles um ein Vielfaches in Deinem Sinne!

5. Du kannst unendlich viel damit machen ... lasse falsche Bescheidenheit weg. Gehe in die Fülle. Arbeite jeden Tag damit. Das heißt, lege einmal am Tag die Hand auf den Obelisken und aktiviere diesen NEU, immer wieder unter göttlicher Führung und Hingabe.

6. Meditiere mit dem Obelisken. Wenn Du den ersten Teil Deiner Wünsche und Ziele verfasst hast, dann meditiere einmal mit den beiden Bildern (nur mit dem Energiefeld und dem Obelisken). Lege sie Dir auf den Körper auf

und lasse Dich darauf ein. Schau, was kommt, nimm die Schwingung auf oder gerade wenn es um körperliche Heilung geht ... stelle Dein ganzes Sein in den Obelisken – einfach ausprobieren.

7. Ein Obelisk – Energieplatz, sehr empfehlenswert!

8. Richte Dir einen ganz persönlichen, wunderschönen Platz ein, an dem Du Deine Wünsche und den Energiewandler OBELISK platzierst.

9. Mit einem schönen Deckchen, Stoffen, frischen Blumen, sehr schön wäre auch ein kleiner Obelisk aus Bergkristall.

10. Fertig ist der Energie- und Wunschplatz, der Altar oder welcher Name für Dich stimmig ist!

11. Diesen Ort besuchst Du nun mindestens einmal am Tag, legst die Hand darauf und bittest um die Schwingung für Deinen Tag und Deine Ziele, die göttlich vorgesehen sind!

12. Bleibe so lange in Ruhe, wie es sich für Dich stimmig anfühlt.

Du bist Schöpfer für Dein Sein.

Hier nun noch die Erklärung und die Beispiele zum Power Ho'oponopono, so wie ich es für uns umgewandelt habe. Wir haben in den ersten Jahren unserer Öffnung exzessiv mit diesem Prinzip gewirkt, in und an uns. Ich kann Dir hier von Herzen empfehlen, das auch zu tun. Für uns ist es eine der effektivsten Möglichkeiten, in Kombination mit der Symbolkraft Veränderung in Deinem Leben zu erzielen – und das Ändern dann auch zu leben!

DAS Ho'oponopono-PRINZIP hat seinen Ursprung bei den hawaiianischen Ureinwohnern.

Ho'oponopono und das Thema Selbstverantwortung.

ICH ÜBERNEHME FÜR ALLES IN MEINEM LEBEN DIE VOLLE VERANTWORTUNG!

Nur dann ist ein wahrhaft authentisches und freies Leben wirklich möglich. Ich übernehme also auch Verantwortung für die Kriege auf dieser Welt, für die Arbeitslosen in unserem Land usw.. Gerade eben sprach ich mit einer Frau über deren Schwierigkeiten mit ihrem Chef. Sobald es mir zu Bewusstsein kommt, übernehme ich auch dafür die Verantwortung. Denn eines muss uns klar sein – bei allen Schwierigkeiten, die uns tagtäglich (manche immer wieder) begegnen, gibt es auf jeden Fall immer EINE Konstante: Wer ist immer anwesend? Ja klar, ICH. Bei jedem Problem, das sich mir in den Weg stellt, bin ICH immer zugegen, also muss ICH mich verändern, um diese Schwingung nicht mehr zu haben. Nicht der andere, der vielleicht (augenscheinlich) Teil des Problems ist, muss sich ändern. Nein, ICH muss mich ändern, wenn ich das Problem lösen und die Situation verändern will. Das Naturgesetz der Schwingung und der Resonanz wirkt unweigerlich und immer! Hier nun ein kleiner Hinweis für Therapeuten, die vielleicht denken, dass nur ihre Patienten und Klienten diejenigen mit dem Problem seien und ihre Rolle lediglich darin besteht, diesen bei der Problemlösung zu helfen. Nein, immer wenn ein Patient oder Klient mit einem Problem kommt, kommt es auch in ihren Bewusstseinsbereich und wird damit zu einem Teil ihrer Erfahrung und damit auch zu etwas, dass sie in sich lösen dürfen oder müssen. Natürlich nur, wenn sie die Verantwortung zu 100 Prozent dafür übernehmen wollen. Also, was kann ich tun, wenn ich mich entschlossen habe, die volle Verantwortung zu übernehmen? Ein altes Sprichwort sagt: „Wenn jeder vor seiner eigenen Haustüre kehrte, dann wäre es auf der ganzen Welt sauber." (Ja, Volksmund tut Wahrheit kund.) Ich selbst muss also bei mir mit der Reinigung anfangen.

Und wie mache ich das?
Mit dem Ho'oponopono-Prinzip, den vier Sätzen, die aus dem Herzen kommen müssen, damit die Lösung essentiell ist:

Es tut mir leid.
Ich verzeihe mir.
Ich danke Dir.
Ich liebe Dich.

Und das soll ich sagen, wenn ich an Krieg, Mord, Vergewaltigung denke oder mich über den alten Opa vor mir an der Fleischtheke ärgere, der meint, hier die Unterhaltung seines Tages führen zu müssen, oder über meinen Chef, den unfähigen Trottel, oder über den Typ, der mir heute Morgen die Vorfahrt genommen hat?

Die Antwort: JA!

Und warum?
Nun, verlassen wir einmal diese irdischen Gefilde und begeben wir uns

in die Höhen des Geistes. Es ist jetzt notwendig, dass Du das Konzept der Reinkarnation als gegeben annimmst. Also, stelle Dir nur einmal vor, dass dieses Konzept korrekt ist und dass wir verschiedene Leben zu verschiedenen Zeiten an verschiedenen Orten gelebt haben und leben. Dann nehmen wir noch an, dass es ein Gesetz gibt, das sich „Karma" nennt: das Gesetz von Ursache und Wirkung. Dieses Gesetz gilt universell. Also, wenn ich etwas „Böses" tue, wird sich das auf mich auswirken – in diesem oder in einem nächsten Leben. (Das gilt natürlich auch für alles Gute, das ich tue.) Und als weiteres Konzept (damit das mit der Reinkarnation Sinn hat) stellen wir uns vor, dass alles im Leben und in den verschiedenen Leben einen Sinn hat. Und der Haupt-Sinn besteht darin, dass wir lernen und dass wir uns zu dem entwickeln, was wir in verschiedenen Sprachen dieser Welt „Gott" nennen. Also, das Konzept besagt, dass wir verschiedene Leben leben, um aus Fehlern zu lernen und um uns immer mehr unserem eigenen Schöpfer-Dasein anzunähern und im Herzen anzukommen.

Was bewirken nun diese oben genannten vier einfachen Sätze?

Ich erkläre es in meinen Worten.

1. Es tut mir leid. Hiermit übernehme ich die Verantwortung für die Situation, in der Täter- wie in der Opferrolle, dass derjenige, der mir gerade ein Dorn im Auge ist, das Ganze nur macht, um mir etwas beizubringen. Oder dass ich jemanden schlecht behandle, behandelt habe usw. und mich entschuldige und sage, dass es mir leid tut. Aus tiefstem Herzen. Nur wenn das Gefühl beim Sprechen aus dem Herzen kommt, wird es ursächlich wirken und lösen können. Bei allen vier Sätzen ...

2. Ich verzeihe mir – ich verzeihe Dir. Ich verzeihe mir und meinem Gegenüber alles, was ich getan habe und was erfahren wurde.

3. Ich danke Dir. Der andere muss mir noch nicht einmal verzeihen. Allein

schon, weil er mir durch sein Verhalten etwas klargemacht hat (mir den Spiegel vorgehalten hat), hat er mir etwas beigebracht. Dafür bin ich ihm dankbar.

4. Ich liebe Dich – und ich liebe mich. Das zu einem Menschen zu sagen (wenn auch nur geistig), den ich am liebsten auf den Mond schießen möchte, ist wohl die größte Kröte, die ich so schlucken kann.

ABER:
Die Energie der Liebe ist die stärkste Kraft im Universum, und sie kann alles bewirken. Wenn ich durch die Reue, Verzeihung und Dankbarkeit hindurchgegangen bin, kann ich auch lieben. Und mit der Liebe löse ich alle negativen Verbindungen, die mich an jemanden oder etwas binden, einfach auf. Das Gefühl der Liebe, diese Urkraft des Universums, löst alles Negative auf. Wir brauchen das Negative im Leben, um das Gute erkennen zu können. Wir leben in einer polaren Welt, damit wir lernen, uns zu entscheiden. Und wir können uns zu jeder Zeit, und sind wir auch noch so alt, für die Liebe entscheiden. Und hier nun ein Beispiel, wie ich INTUITIV das Power-Ho'oponopono spreche und praktiziere.

Beginn:
Gehe in Dich und aktiviere die Symbole von Erzengel Michael und Chamuel. Bitte die Engel, anwesend zu sein und Dich bei Deiner Arbeit zu führen und zu unterstützen.Verbinde Dich mit Mutter Erde und mit dem Göttlichen. Dann bitte um klare göttliche Führung und fange an.

Ich nehme hier als Beispiel das Thema Betrug/Lüge.
Hole Dir Deine persönliche Situation ins Gefühl, den Betrug des Partners in Täter- wie in Opferrolle, die Lügen im Kleinen wie im Großen usw. Alles ist Energie, egal wie „mickrig" und für nicht erwähnenswert es sich im Leben vielleicht anfühlt.

Dann fühle, welche Situationen der einen, die Du ganz klar vor Augen hast, ähnlich sind. Du wirst sehen, da kommt meist noch eine ganze Reihe ähnlicher Situationen und Erfahrungen hinzu. Der Betrug und die Lüge können auf allen Ebenen stattfinden. Ich hole aus, um Dir Beispiele zu geben. Der Betrug oder die Lüge am Arbeitsplatz, den Chef anschwindeln, den Kollegen etwas zum eigenen Vorteil vorenthalten oder das Gleiche in der Opferrolle zu erfahren. Der Betrug oder die Lüge in der Familie, in der Verwandtschaft, in Erbschaftsangelegenheiten. Der Betrug oder die Lüge im Alltag, beim Bäcker, bei dem ich mich freue, wenn er mir zu viel Wechselgeld zurückgibt und ich stillschweigend gehe, obwohl ich es bemerkt habe. Bei der Bedienung im Lokal, oder wie ich an der Haustür von einem Hausierer übers Ohr gehauen werde. Es angezogen habe, es zugelassen habe, weil es in mir schwingt. Mich in einem Autohaus über den Tisch habe ziehen lassen oder der Versicherung einen Schaden am Fotoapparat gemeldet habe, für den netten Nachbarn, der mich um eine Gefälligkeit bat, obwohl ich den Schaden nicht verursacht habe. Der Schaden, der hier entsteht, ist viel weittragender! Und vieles mehr.

Es tut mir leid, ungeachtet von Raum und Zeit, und ich bitte im Bewusstsein meiner Schöpferkraft, dies bis hin zum Ursprung des Themas, der Energie zu lösen. Es tut mir leid, dass ich die Schwingung von Lüge und Betrug in meinem Energiefeld trage, diese in meiner Resonanz ist. In der Täter- wie in der Opferrolle. Ich verzeihe mir und ich verzeihe Dir aus ganzem Herzen und bitte Erzengel Michael, mit dem Schwert der Vergebung alle Situationen, Personen und Energien, die mir hierzu bewusst oder unbewusst sind, zu berühren.

Ich danke Dir und allen, die mir aufgezeigt haben, dass ich diese Energie in mir trage! Ich danke aus meinem Herzen. Ich sende Liebe. Ich bitte Erzengel Chamuel, mich zu unterstützen und reine, bedingungslose Liebe zu senden. Allumfassende Liebe, die alles heilt.

So sei es.

Und Du wirst spüren, ob Du es ein zweites oder ein drittes Mal sprechen musst. Du wirst fühlen, wann es wirklich aus Deinem Herzen kommt und sich somit lösen darf! Zum Buch gibt es eine CD, hier ist ein Beispiel dazu drauf. Ein Ho'oponopono, so wie ich es intuitiv spreche! Das Folgende ist gut zu wissen, bevor der Symbolteil beginnt! Ich habe, einschließlich der Erklärung der Kindersymbole, 13 unterschiedliche Kategorien für dieses Buch gewählt. Die Beschreibung dieser Kategorien findest Du am Beginn der Tagesenergien, ab Seite 186.

Jede Kategorie wirkt auf besondere Art, auch wenn immer wieder eine Ähnlichkeit in der Anwendung vorhanden zu sein scheint. Dem ist jedoch nicht so, da jede Kategorie in ihrer Energiequalität einzigartig ist.

Nun geht's los!

In diesem Teil beschreibe ich die Symbole in den unterschiedlichen Bereichen der Anwendung.

Erzengel

Erzengel Metatron

Metatron stellt die Verbindung zum göttlichen Herzen, zur göttlichen Quelle Deines Ursprungs her. Das göttliche Herz vermittelt Urvertrauen und hilft Dir, immer mehr zu Dir zu kommen! In diesem Zeichen steckt die Kraft und Energie von Metatron. Die Kraft ist immer individuell auf den abgestimmt, der mit ihr wirkt, und die Intensität passt sich in allen Symbolen an, die Du von mir bekommst. Ich verbinde mich – vor jeder energetischen Arbeit – durch dieses Zeichen mit dem göttlichen Herzen und bitte um einen klaren Fluss für Energie und Information. Das Metatronzeichen begleitet mich eigentlich den ganzen Tag, wobei das bei jedem unterschiedlich sein wird. Für mich ist Metatron sehr präsent und eine Art väterliche Energie, die mich leitet, lehrt und beschützt. Er ist von Anfang an, seit meiner Öffnung, an meiner Seite, weise, lehrend und beschützend. Das Kreuz des Metatron hilft auch bei Erfahrungen oder Begegnungen mit der Schatten-Seite, besonders in „akuten" Situationen. Dann das Zeichen aktivieren und Metatron bitten, Dir zu helfen, zu heilen oder Dir den „richtigen" Impuls zu geben, was DU tun kannst und sollst. Genauso anzuwenden bei Ängsten, Phobien, Schmerzen im körperlichen Bereich, die ärztlich nicht erfasst werden können usw., bei Dir selbst und oder bei anderen Menschen. Verbinde den betreffenden Menschen mit dem Zeichen, gedanklich oder auch irdisch-physisch. Lege es ihm einfach auf. Dann nimm wahr, was geschieht. Natürlich nur mit dessen Erlaubnis, außer es handelt sich um Dein Kind. Jede Situation ist anders. Individuell. Lerne, Deinen sechsten Sinn zu benutzen und einzuschalten – auch anhand all der anderen Zeichen, die Du hast. Dieses Zeichen, regelmäßig angewendet, verbindet Dich immer intensiver mit Deiner Quelle, was auch immer diese für jeden Einzelnen an Aufgaben in sich birgt.

Erzengel Zadkiel – der Diamant
Reinheit, Klarheit
Ursächliche Auflösung von Karma
Abtrennung alter Seelenanteile
Transformation durch höchste Lichtfrequenzen

Den Diamanten von Zadkiel benutze ich oft zusammen mit dem Kreuz von Metatron. Wenn ich in Heilsitzungen wirke, bitte ich im gleichen Atemzug, jetzt all das zu transformieren, was gehen darf, an Dunkelheit, an alten Seelenanteilen, die die Situation beeinflussen, nun aber ausgedient haben, oder einfach all das, was jetzt, hier und heute nicht zu meinem höchsten Wohle und dem aller Beteiligten ist. Ich bitte um Transformation aus höchster Ebene, doch wiederum immer in der Kraft und Intensität, wie es göttlich sein soll! Nach getaner Arbeit – Einzelsitzungen oder den Seminaren – stelle ich mir oft vor, wie sich der violette Kristall durch meinen Körper dreht und mich wie eine Spirale reinigt, ebenso alle Seminarteilnehmer und die Räumlichkeiten, in denen wir waren. Den Diamanten von Zadkiel wende ich sehr gerne im alltäglichen Leben an. Vielleicht kennst Du das Gefühl, wenn man sich vollsaugt wie ein Schwamm. Besonders in den ersten drei Jahren war das in unserer Familie sehr schlimm. Ich konnte mich nirgendwo mehr entspannt bewegen. Ich spreche hier von ganz normalen Dingen im täglichen Leben, wie z.B. ein Besuch in einem Kaufhaus, auf dem Christkindl-Markt, ein ganz normales Essen in einem Lokal, ein Kindergarten- oder Schulfest oder der wöchentliche Einkauf. Es war jedes Mal ein Graus für mich. Dies äußerte sich in Kopfschmerzen, Kopfdruck, Übelkeit, sofortiges Nasenlaufen und Müdigkeit. Ich hatte damals das Gefühl, ich nähme das Leid aller Menschen um mich herum wahr. Jeglicher Schutz funktionierte nicht, da ich über diese Erfahrungen Folgendes zu erkennen hatte: „Was hat das mit mir zu tun?" Ein Thema nach dem anderen kam hoch, und ich heilte es mit Hilfe der Symbole und der Anweisungen der Engel in mir, in meiner Familie und in meiner Resonanz.

In dieser Zeit half mir Erzengel Zadkiel meist sofort. Ich habe mich immer sofort mit dem Diamanten verbunden, wenn die erwähnten Störungen oder Gefühle in der Öffentlichkeit oder auch zu Hause aufkamen, und um göttliche Transformation gebeten. Es funktionierte immer leichter und schneller. Noch heute wende ich das Zeichen gerne bei meinen Kindern an, wenn sie schlechte Laune haben, bockig sind, vom Spielen nach Hause kommen und wieder Stimmungsschwankungen von anderen Kindern mitbringen usw.. Und dieses Symbol kann für alles so reinigend angewendet werden, für Dich, Deine Kinder, Deine Familie, für Tiere, Klienten, in der Arbeit, wenn es in Projekten stockt und hakt usw., immer im Zusammenhang mit Dir selbst. Wichtig: Den Blick nach INNEN richten: Was hat die Situation mit mir zu tun!? Bei der irdischen Arbeit, in Deinem Beruf dann z.B. darum bitten, dass sämtliche Störfelder, die behindern, transformiert werden, sich lösen und sich das Projekt so gestaltet, wie es sein soll.

Erzengel Gabriel

Er steht für die Entwicklung zur Vollkommenheit auf allen Ebenen. Dieser Kreis wirkt von innen nach außen. Wellenartig breitet sich die Kraft, die Energie dieses Symbols in Deinem Körper aus. Stück für Stück darf sich das lösen, was gerade ansteht, was Dir hilft, die nächsten Schritte zu gehen auf dem Weg zu Dir!

Das Symbol zur Vollkommenheit ist für mich ein wertvoller Begleiter von Anfang an. Wenn ich mich in schwierigen Transformations- und Weiterentwicklungsphasen befinde, stelle ich mir vor, wie das Zeichen in meinem Solarplexus zu leuchten beginnt und wellenartig von innen nach außen schwingt. Wie wenn ein Tropfen ins Wasser fällt und die Wellen sich ausbreiten, die Ringe immer größer werden. Und mit jeder Licht- und Kraftwelle werde ich stabiler, und das, was jetzt gehen darf, verabschiedet sich!

Oft habe ich auch einfach nur in meinen Worten gebetet, mit Gabriel gesprochen und um die Herstellung der göttlichen Ordnung in mir gebeten.

Erzengel Raphael
Verstärkung und Intensivierung der
göttlichen Heilkraft in Dir – für Dich!

Entwicklung – Aufbruch – Entfaltung Deiner Gaben und
der Fähigkeiten Medialität, Hellsichtigkeit, Hellfühligkeit, Hellhörigkeit

Dieses Zeichen ist einerseits Heilung, Heilung in Dir für Dich! Heilung ganz normaler „irdischer Krankheiten" und Heilung karmischer und seelischer Wunden und andererseits eine Katalysatorenergie für die eigene mediale Entwicklung. Einzusetzen bei irdischen Krankheiten, wie Grippe, Schnupfen, Husten, oder auch schweren Krankheiten – um den Heilungsprozess zu intensivieren oder auch um Spontanheilungen zu ermöglichen, die ärztlich nicht nachvollziehbar sind. Ich arbeite oft bei Menschen mit Depressionen oder Missbrauch jeglicher Art mit dieser Kraft. Der Missbrauch muss nicht körperlicher Art sein, es gibt auch Missbrauch seelischer Art, Machtmissbrauch usw.. Auch einzusetzen, wenn man selbst karmische Situationen aufgezeigt bekommt, in denen man die Opfer- oder Täterrolle innehatte. All das hinterlässt Wunden oder Energien in Deinem Energiefeld, die Dich an Deiner persönlichen Weiterentwicklung behindern und Dir aufzeigen, wo Du in Dir hinschauen sollst. Dieses Symbol hilft bei der Heilung dieser Wunden. Und gleichzeitig katapultiert es Dich in die Ebenen, die für Dich vorgesehen sind. Menschen, die bei mir waren, mit Süchten, Ängsten oder Depressionen, waren alle – bis jetzt ausnahmslos alle – hoch sensitiv, und die Heilung ihres Themas war immer verbunden mit der Öffnung für ihre Wahrnehmung, für ihren Weg und die Aufgabe, die damit verbunden ist. Sucht sucht! Auch wenn Du ganz „normal" bist und Dich einfach nur mehr dem Spirituellen, Sensitiven zuwenden möchtest, ist dieses Zeichen zu empfehlen!

Meist in Verbindung mit anderen Zeichen, doch da verlasse Dich auf Dein Bauchgefühl!

Erzengel Chamuel
Entwicklung und Intensivierung von Neutralität
und bedingungsloser Liebe.
Demut – Diener sein.
Demut ist der Mut, dem Worte Gottes zu folgen und zu dienen. Die LIEBE.
Die göttliche, bedingungslose Liebe

Ich benutze dieses Zeichen heute in Verbindung mit dem Power Ho'oponopono, bei Kindern und zu jeglicher Unterstützung meiner Arbeit. Auch ist es sehr hilfreich, wenn sich EGO-Anteile zeigen, in welcher Ebene auch immer. Und vor dem Ego ist meiner Ansicht nach keiner gefeit. Es ist da und wird immer wieder versuchen, sich in den Vordergrund zu drängeln. Ich habe selbst viel mit meinem Ego zu tun gehabt und es durch die Liebe von Chamuel immer leichter und schneller erkennen und bearbeiten dürfen.

Erzengel Raziel
Umbruch, Aufbruch, Neubeginn, Auferstehung ...
wie Phönix aus der Asche.

Das Symbol von Raziel hilft Dir in Umbruchphasen jeglicher Art. Es ist wegweisend! Egal für welche Situation. Umbruch und Veränderung im Alltag, in der Liebe, Wohnungswechsel, Arbeitswechsel usw.

Raziel hilft bei Trennungen, Scheidungen oder wenn jemand gar nicht mehr weiß, wo er in seinem Leben steht! Orientierungslosigkeit, Hoffnungslosigkeit usw., das sind alles Symptome, bei denen Raziel seine Energie zur Verfügung stellt. Aber auch, wenn große menschliche, irdische Herausforderungen anstehen, wie z.B. Prüfungen, Beförderungen. Ich für mich kann sagen, dass er mir sehr geholfen hat, dem mir unbekannten Weg zu vertrauen. Dem Weg des Herzens.
Dieses Symbol habe ich etwa ein Jahr nach meiner Öffnung empfangen, und Raziel hat mir Halt, Kraft und Vertrauen gegeben in meinem täglichen Leben. Es war anfänglich wirklich nicht einfach ... doch irgendwie habe ich es mit Hilfe der Engel geschafft, dem zu vertrauen, was kommt.

Erzengel Uriel
Kraft, Ausdauer, Durchhaltevermögen, Leichtigkeit

Mir hat sich Uriel in Bildern gezeigt. In Bildern, wie er mich vom Boden aufgehoben hat, als ich nicht mehr weiter wusste. Als ich aufgeben wollte und für Momente den Glauben an mich, an Gott, an das, was mir gegeben wurde, verloren habe. Solche Zeiten gab es immer wieder in den Jahren von 2007 bis 2010.

Ich habe geweint, und er hat mir die Tränen getrocknet, ich war kraftlos, und er hat mich wieder aufgerichtet, ich war fast depressiv durch die vielen Übergriffe und Begegnungen mit der Dunkelheit, und er hat mir Leichtigkeit gegeben.
Ich empfinde tiefe Dankbarkeit, wenn ich an ihn denke. Heute rufe ich ihn und bitte ihn um Hilfe, wenn ich das Gefühl habe, genauso einen Menschen vor mir zu haben, auf den Seminaren oder in meinem Leben. Einen Menschen, der Ähnliches durchmacht auf seinem Weg und einfach Unterstützung braucht. Das Zeichen verbindet Dich mit Uriel, wann immer Du ihn brauchst. Rufe ihn und bitte ihn, einfach für Dich da zu sein!

Erzengel Sandalphon
Der Engel der Dualität

Ich wusste lange nicht, dass es einen Erzengel namens Sandalphon gibt. Auch er hat sich mir in schweren Zeiten gezeigt. Allerdings war ich da schon ein großes Stück weiter, gewachsen und immer mehr im Vertrauen. Ich hatte keine Angst mehr, dass mir irgendetwas geschehen könnte, und folgte bedingungslos meiner Führung, als er sich zeigte.

Es gab eine Phase, in der ich immer wieder und wieder die Aufforderung aus der geistigen Welt bekam, meine Größe und mein Kraftpotenzial zu öffnen und dann anzunehmen. Wochenlang habe ich meditiert, getan und gemacht, und es ging nicht voran. Immer wieder die gleiche Aussage: „Nimm Deine Größe an."
Bis ich Folgendes verstanden habe: Es geht nicht darum, immer lichter und lichter zu werden, sondern die Dualität in sich zu erkennen, zu akzeptieren und in Liebe anzunehmen. Denn auch die dunklen Anteile in uns gehören zu uns. Sie wollen genauso geliebt werden wie das Licht. Als ich das erkannt und vollzogen habe, bekam ich einen riesigen Kraftschub, und es ging in einer komplett veränderten Geschwindigkeit und mit Power weiter.

Verbinde Dich mit Sandalphon und nimm die Dualität in Dir an. Er wird weitere Tore und Kräfte in Dir öffnen.

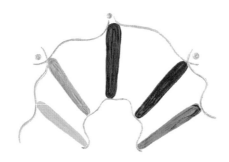

Erzengel Michael
Die fünf Lichtschwerter
Hellblau, Gelb, Rosa, Grün und Violett

Dieses Symbol ist als Schutz einzusetzen und um anhaftende Energien zu lösen. Doch hauptsächlich geht es darum, die eigene Größe und Macht anzunehmen! Dieses Symbol wird Dir dabei helfen. Als Erstes ist zu erwähnen: Schwerter zu besitzen bedeutet nicht, damit in den Kampf ziehen!
Erzengel Michael – sehr, sehr gerne arbeite ich mit ihm und bin dankbar, dass ich seine Möglichkeiten gezeigt bekam.
Auch dieses Symbol ist eines, das ich in mir wie daueraktiviert habe. Hier die Beschreibung der fünf Schwerter, so wie sie mir übermittelt wurde:

Hellblau – das Schwert der Zukunft:
Für diejenigen, die übergeordnet wirken dürfen und Aufträge aus der geistigen Welt erhalten. Hierzu gebe ich keine Beispiele, das wird jeder selbst erfahren, wenn es so weit ist!
Gelb – das Schwert der Vergangenheit:
Ich nehme es, um karmische Verbindungen zu trennen, und zwar in Liebe zu trennen. Doch auch hier ist mit Achtsamkeit zu wirken. Nicht alles darf getrennt werden, vieles ist dazu da, um daran zu wachsen und zu lernen.
Bei karmischen Verstrickungen und Trennungen:
Bitte immer Erzengel Michael, nur die Verbindungen zu trennen, die nun

getrennt werden dürfen, göttlich geführt und zum höchsten Wohle aller Beteiligten. Das können auch irdische Verbindungen sein, wie z.B. die Verbindung zu Deiner Mutter oder Deinem Vater, die Dich an Deiner freien Entfaltung und Entwicklung hindern. Und ich bin nicht der Meinung, dass wir all unsere Themen, die wir im Hier und Jetzt haben, auf unsere Kindheit schieben können, doch manchmal ist es einfach wichtig, die karmische Verbindung hier zu trennen oder zu lockern.

Und hier haben dann viele Angst, dass sie gleichzeitig diesen Menschen aus ihrem Leben verstoßen. Dem ist nicht so.

Oft habe ich wahrgenommen, dass die irdischen Beziehungen in der Familie, zu der Person, mit der die energetische Trennung oder Lockerung vollzogen wurde, viel, viel besser und harmonischer wurden.

Wenn ich mit den Schwertern und Michael wirke, gehe ich meistens in die Natur, wo ich in einer für mich absoluten Aufnahmefähigkeit und in meiner höchstmöglichen Wahrnehmung bin! (Jeder muss für sich selbst herausfinden, wann und wo das so ist.)

Rosa – das Schwert der Vergebung und der Liebe:

Hier kannst Du Dir vorstellen, wie Du mit dem Schwert Situationen, Themen oder Menschen einfach streichelst und berührst, um zu vergeben oder um Vergebung zu bitten.

Ich verwende dieses Schwert immer beim Power-Ho'oponopono. „Es tut mir leid, und ich verzeihe mir ..." die Situation, die zu verzeihen ist, ungeachtet von Raum und Zeit mit dem Schwert berühren, die Energie der Vergebung fließen lassen! Das wirkt wie ein Verstärker des ganzen Ho'oponopono-Prinzips! „Ich danke Dir, und ich liebe Dich ..." – bei diesem Satz ist es gut, das Zeichen von Erzengel Chamuel mit einzubinden. Neutralität und bedingungslose Liebe, für den oder die Menschen und Situationen, die sich lösen sollen! Liebe, die einfach nur IST ..!

Hier gibt es unzählige Möglichkeiten für den Einsatz dieses Schwertes.

Grün – das Schwert der Gegenwart – im Hier und Jetzt!
Zur Harmonisierung und Erdung.

Oft berühre ich mich mit diesem Schwert, um einfach nur auf den Boden zu kommen, mich zu erden, um ...ins Jetzt, ausschließlich ins JETZT zu kommen, meine Gedanken frei zu machen, den Müll herauszuschmeißen; beim Spazierengehen, wenn ich einfach nur bei mir sein möchte und es mir selbst nicht gelingt. Dann bitte ich darum, dass mich die Energie dieses Zeichens einhüllt, den Gedankenfluss stoppt und mich einfach nur den Augenblick fühlen und wahrnehmen lässt. Den Augenblick des Gehens, Hörens, Laufens, Spürens ...
Oder zur Harmonisierung jeglicher Disharmonien. Immer für den Moment anzuwenden.

Beispiele:
Ein Streit mit den Kindern, mit dem Partner, im Job usw.
Benutze das Schwert, um Harmonie und Klarheit in die Situation zu bringen.

Violett – das Schwert, welches das Mächtigste von allen fünf ist!
Ich habe viel mit der Dunkelheit zu tun gehabt auf meinem Weg, wie ja viele aus den Erzählungen von den Seminaren wissen ... Ich möchte jedoch nicht immer darauf herumreiten oder gar Ängste schüren, doch die Dualität ist existent! Und für Menschen, die zu strahlen beginnen, die das Göttliche in sich entfalten lassen, die zum Teil gar keine Wahl haben, weil es vorgesehen ist, dass sie diesen Weg gehen, ob sie wollen oder nicht, für diese Menschen ist die Begegnung und die Auseinandersetzung mit den anderen Energien unausweichlich!

Wenn die andere Seite beginnt, sich für Dich zu interessieren, dann kannst Du Dir sicher sein, dass Du eine riesige Herzkraft in Dir trägst und das engelhafte Wesen in Dir zu strahlen beginnt. Du fängst an, von innen heraus zu glänzen.

Das ist der ehrlichste und schönste Glanz, den ein Mensch haben kann. Der Glanz von innen nach außen, aus der Quelle des Herzens. Dieses Schwert ist einfach nur SCHUTZ und Verteidigung. Wie die göttliche Hand, die sich vor Dich stellt und wem auch immer Einhalt gebietet.

Gehe nicht aus Schmerz, Wut oder Hilflosigkeit, die man in solchen Momenten oftmals verspürt, in den Kampf. Denn dann setzt Du dieses Schwert nicht aus Deinem Herzen heraus ein, sondern angetrieben durch „niedere" Gefühle, auch wenn es nur die Angst ist.

Bitte Erzengel Michael in solchen Momenten um Hilfe und stelle Dir vor, dass er der verlängerte Arm Gottes ist, der Dich in seine Obhut nimmt!

Keine Angst, Du musst Dir nicht unbedingt ein bestimmtes Schwert aussuchen, um mit dem Symbol wirken zu können. Natürlich kannst Du auch im vollsten Vertrauen das Symbol von Michael auf Dein Herz-Chakra auflegen, ihn rufen und ihn einfach bitten, das er nun das tut, was Du brauchst. Was in der jetzigen Situation für Dich und alle Beteiligten zum höchsten Wohle ist. Mit der Zeit wirst Du anfangen, immer detaillierter zu wirken, doch für den Anfang kannst Du es mit allen Symbolen in dieser Art tun. Im Vertrauen auf den Engel oder das Geistwesen, das hinter dem Symbol steht.

Engel und Symbole speziell für Kinder

Generell kannst Du alles, was hier im Buch vorgestellt wird, auch für Deine Kinder anwenden. Lasse Dich von Deinem Gefühl führen und folge der Beschreibung, die ich speziell für die Kinder erstellt habe. Natürlich kannst Du auch über die Ferne oder einfach für Dich alleine mit den Symbolen für Deine Kinder wirken. Es gibt so viele Einsatzmöglichkeiten.
Gehe in die Stille, schaffe einen schönen Rahmen und nimm Kontakt mit den Engeln auf. Lege die Symbolkarten, die in diesem Kapitel aufgeführt sind, um Dich herum.

Dann lass Dich auf die Situation Deines Kindes ein und bitte um göttliche Führung.

Halte Deine Hände über die Energiekarten und spüre. Es wird warm werden, wenn Du an den richtigen Karten dran bist, oder Du bekommst Information direkt aus der geistigen Welt. Es kann nur eine Karte sein oder mehrere zusammen. Ganz egal. Begrenze Dich nicht – es ist alles möglich. Wenn Du die passenden Karten gefunden hast, dann schau sie Dir an und bitte die Engel und Energiewesen, dass sie jetzt mit Dir zusammen für Dein Kind, Deine Kinder wirken und das tun, was sein soll. Lass Dich darauf ein. Bleibe dabei.

Vertraue, dass das geschieht, was für Dein Kind zum höchsten Wohle ist, auch wenn Du vielleicht gar nichts spürst. Wie auch immer. Diese Sitzungen und Heilarbeiten sind immer anders und ganz individuell.

Die Erzengel

Hier wurden mir speziell für Kinder folgende Anwendungsgebiete übermittelt:

Erzengel Metatron
Engel der Heilung der Herzen

Speziell für Kinder, die ausgegrenzt werden. In der Schule, in der Lehre, vom Freundeskreis, durch Mobbing usw.

Für Kinder, denen die innere Stabilität genommen wurde, der Boden unter den Füßen weggezogen wurde durch den Tod eines Eltern- oder Geschwisterteils oder durch die Scheidung der Eltern.

Metatron bringt Stabilität in alle Bereiche und kümmert sich um die Heilung des Herzens.

Für Kinder, die einfach noch/nur Kinder sind und unbelastet, unbeschwert und liebevoll aufwachsen dürfen, ist dies der Herzkraft-Engel, der sie darin unterstützt, ihren Weg weiter in Liebe und Vertrauen zu gehen!

Erzengel Raphael
Engel, der die Hand reicht

Raphael steht schwerstkranken Kindern zur Seite, damit sie wieder Lebenswillen bekommen und die Krankheit überstehen. Wenn es sein darf, in die vollkommene Harmonisierung bzw. Heilung zu gehen.

Für gesunde Kinder ist dies der Freundschaftsengel, um die Bande der wahren Freundschaft in Liebe wachsen zu lassen.

Erzengel Gabriel
Der Begleiter für die Kinder der Neuen Zeit

Gabriel ist ein hervorragender Begleiter für Kinder der Neuen Zeit. Das heißt für Kinder, die hoch sensitiv sind. Wie auch immer sich das zeigen mag.

Es gibt die unterschiedlichsten Bezeichnungen für solche Kinder: Kristallkinder, Indigokinder, Wunderkinder usw.. Für mich trägt jedes Kind, wenn es auf die Welt kommt, unterschiedliche Gaben, Fähigkeiten und Geschenke in sich. Oft haben Kinder Wahrnehmungen, die ihr Umfeld nicht versteht und sie werden dann als verrückt oder sehr phantasiereich oder nicht liebenswert hingestellt. Dadurch verlieren diese Kinder spätestens im Schulalter ihre Sensitivität oder drücken diese weg, unterdrücken dann ihre Begabungen. Allerdings sehe ich heute schon, dass immer mehr Kinder ihre Gaben behalten dürfen und sie verfeinern, mit oder ohne Unterstützung der Eltern. Es hat eine Neue Zeit begonnen. Doch wirklich schön, bereichernd und förderlich ist es, wenn die Eltern mitgehen. Gabriel gibt diesen Kindern Führung und Halt, er ist oftmals wie ein Lehrer für sie. Für alle Kinder ist dies der wegweisende Engel, der die Richtung weisen wird, die göttlich vorgesehen ist.

Erzengel Raziel
Prüfungsengel

Er ist speziell für Prüfungen jeglicher Art da. Egal, ob es um Klassenarbeiten, Prüfungen von der Grundschule bis hoch zur Uni oder um Prüfungen außerhalb des Schulsystems, wie z.B. den Führerschein oder die Schwimmprüfung geht – Raziel hilft. Er ist auch bei Leistungsdruck in Vereinen wie z.B. bei Sport oder Musik einzusetzen, ebenso bei Schuldruck und dem Stress, der oft bei Hausaufgaben aufkommt. Raziel bringt Ruhe, Gelassenheit und Erfolg mit sich. Doch das heißt nicht, dass man nichts mehr tun muss, nichts mehr lernen muss, aber es kann wesentlich leichter gehen, wenn der innere Druck verringert wird und sich Ängste und Zweifel in Selbstvertrauen wandeln! Außerhalb dieser Aufgaben ist Raziel der Friedensengel. Der Engel, der dem Kind Ausgeglichenheit, Ruhe und Frieden bringt.

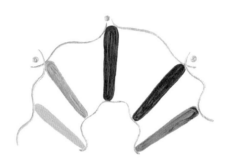

Erzengel Michael
Engel der Heilung der Seele

Lange habe ich nicht verstanden, was mir Michael sagen wollte. Ich kenne ihn als beschützend und klar führend. Vieles durfte ich mit ihm schon durchstehen und bewältigen.

Für Kinder kam folgende Information:
„Ich bin Balsam für jede Kinderseele, deren Wunden wieder und wieder aufgerissen werden. Aufgerissen und vergrößert durch körperlichen oder seelischen Missbrauch jeglicher Art. Ich berühre die Wunden in Körper, Geist und Seele mit meiner Energie und werde für Aufdeckung, Klarheit und Heilung sorgen." Für Kinder, die glücklich aufwachsen dürfen, ist er allgemein der Engel des göttlichen Schutzes auf allen Wegen.

Erzengel Chamuel
Engel der Wandlung

Chamuel hilft bei Aggressionen, Disharmonien und Wutausbrüchen. Bei der Energie des Stehlens oder Lügens. Oder bei anderen Disharmonien des Kindes, die sich im Konsum von Drogen aller Art zeigen.

Eine weitere Störung kann auch die Magersucht oder Fettleibigkeit sein. All das ist oft ein Hilfeschrei des Kindes.

Bei diesen Anzeichen rate ich Dir, mit mehreren Energiezeichen dieses Buches in Kombination zu wirken, so wie es sich für Dich als Mutter, als Vater stimmig anfühlt. Doch natürlich sollte auch professionelle Hilfe im Außen hinzugezogen werden: ein verständiger Arzt, ein Psychotherapeut oder ein Heiler Deines Vertrauens.

Die hier vorgestellten Symbole können dabei immer unterstützend mit eingesetzt werden. Gerade Erzengel Chamuel, der Engel der bedingungslosen Liebe, bewirkt manchmal Wunder. Neben all diesen Aufgaben ist er der Engel der Liebe.

Erzengel Zadkiel
Reinigung und Transformation

Er übernimmt bei den Kindern eine ähnliche Aufgabe wie bei den Erwachsenen. Mit ihm wirke ich schon lange an und mit meinen Kindern. Fast täglich, wenn sie aus der Schule kommen, von Freunden, vom Fußballtraining – egal. Gerade mein Jüngster ist wie ein Schwamm. Er nimmt alles auf, was anderen Kindern Kummer, Sorgen, Ängste, Wut bereitet.

Mein Gott, waren das oft schwere Zeiten. Heute geht es schon relativ einfach, gerade mit diesem Symbol. Es reinigt und transformiert alles aus Körper, Geist und Seele, was aufgenommen wurde, aber wieder zu gehen hat, was nicht zu dem Kind gehört. Mein Sohn hat lernen dürfen, es selbst anzuwenden. Und noch so einige Dinge dazu. Er ist nun acht Jahre alt und macht es schon ganz gut. Doch anfänglich sollten die Eltern dies für die Kinder tun. Auch das ist jedoch immer individuell zu entscheiden, je nach Stand, Wissen und Sensitivität des Kindes. Für meine Kinder gibt es mittlerweile nichts mehr, was es nicht gibt. Sie sehen auch Zeichen und Auren, Farben und Formen, fühlen, spüren und reden mit ihren Engeln, sehen Verstorbene und Außerirdische, bekommen Informationen und Beweise. Alles ganz „normal" und integriert in das irdische Leben. Wir gehen auch ganz normal damit um. Sie müssen auch nicht meditieren oder singen oder sonst etwas „Spirituelles" tun. Sie tun das, worauf sie zusammen mit uns Lust haben, was ihnen ihre Impulse sagen. Und die Lust, etwas Neues zu entdecken, kommt von ganz allein. Ohne Zwang und Druck.

Folgendes hat sich bei der Anwendung dieses Symbols bewährt: Bitte darum, dass beim Transformations- und Reinigungsvorgang auch all die Anteile des Kindes gehen dürfen, mit transformiert werden, die mit der jeweiligen Situation in Resonanz gegangen sind. Gib das IMMER ab an die göttliche Führung, dass es so geschieht, wie es im göttlichen Plan dieses Kindes vorgesehen ist. So sei es! Außerdem ist Zadkiel der Engel für „alle Fälle", ein treuer Weggefährte!

Erzengel Sandalphon
Engel des Urvertrauens

Dieser Engel gibt Deinem Kind Stärke und führt es an die Urquelle des Seins.

Das heißt, der Engel löst Ängste, Zweifel, Mangelerscheinungen in Körper, Geist und Seele auf, wie z.B. Mangel an Selbstliebe, Selbstwert und Selbstachtung.

Sandalphon festigt das Urvertrauen, den Selbstwert, das Selbstbewusstsein und die Freude am Sein. Er gibt dem Kind einen festen Stand und Sicherheit; Sicherheit durch Gottvertrauen. Sandalphon ist der große geistige Bruder für das Kind.

Erzengel Uriel
Uriel harmonisiert die vier Elemente
Feuer, Erde, Wasser und Luft in den Kindern

Er stellt speziell für Kinder die Verbindungen in die Welt der Naturgeister, der Feen und Elfen her. Er verbindet mit der Welt der Leichtigkeit und Freude, mit der Welt der Unbeschwertheit, der Phantasie und Wirklichkeit.

Er baut Brücken und verbindet alles miteinander. Eine wundervolle Erfahrung, die er hier anbietet. Jedes Kind sollte ihn wahrnehmen dürfen und mit ihm sein. Er ist der Engel der Verbindung der Welten. Der Engel der Einheit.

Der Schutzengel
Generell der beste Freund eines jeden Menschen

Lichtcodierung Sirius

Diese Codierung habe ich speziell für Kinder bekommen, die sich schlecht konzentrieren können und dadurch Schwierigkeiten in der Schule und ihrem Umfeld haben oder die einen starken Drang zur Bewegung haben, hibbelig sind, bei denen das ADHS-Syndrom diagnostiziert wurde.

Diese Codierung bei dem Kind direkt aktivieren und dann unter die Matratze legen. Oder welche Impulse Dir sonst noch kommen. Die geistige Welt ist grenzenlos.

Engel für Ausgeglichenheit

Hier speziell zur Harmonisierung aller Art von Körper, Geist und Seele. Ganz nach Gefühl einzusetzen; ein täglicher Begleiter. Schön auch vor dem Schlafengehen als Ritual: Mit dem Gute-Nacht-Kuss leise in Gedanken oder mit dem Kind zusammen den Engel der Ausgeglichenheit bitten, dass er da ist und harmonisiert, was so den ganzen Tag über geschehen ist. Einfach tut, was zu tun ist! In die Einfachheit gehen ...

Der Engel des Friedens, der Schlafengel

Ein Zeichen, das speziell für Kinder kam. Es sorgt für einen tiefen, harmonischen und erholsamen Schlaf. Gut auch für Babys einzusetzen, auch bei sogenannten Schreikindern. (Zur Wirkung bei Erwachsenen kann ich nichts sagen, da das Zeichen ganz NEU während des Buchschreibens kam. Einfach mal ausprobieren!)

Mayasonne

Ein sehr kraftvolles Heilzeichen. Die Sonne kann immer und überall mit angewendet werden, in Verbindung mit allem, was der individuellen Situation dienlich ist, in allen Bereichen. Sei es bei schulischen Problemen, körperlichen Krankheiten, seelischen Disharmonien, Trauer, Kummer, Leid, bei Ärger mit Freunden, Mobbing usw.

Für mich ein täglicher Begleiter in meinem Leben.

Saint Germain

Er zeigte sich hier für die Kinder als Ritter in einer Rüstung.

Gerade bei Kindern der Neuen Zeit, bei medialen Kindern, ist es sehr ratsam, ihn um Begleitung zu bitten. Er übernimmt die Funktion eines Wächters, ein Wächter zwischen den Welten der Dualität.

Lichtcodierung Petrus

Für Scheidungs- und Trennungskinder und Kinder, die einen Tod zu verarbeiten haben. Den Tod eines Familienmitgliedes, einer nahe stehenden Person oder eines Haustieres.

Vater und Mutter sollten immer zum Wohle des Kindes handeln und so weit wie möglich auch nach der Trennung friedlich miteinander umgehen. Die Realität sieht jedoch oft anders aus. Diese Codierung hilft den betroffenen Kindern, ihre Mitte zu finden und in Frieden mit der zu verarbeitenden Situation in ihrem Leben zu kommen.

Mutter Maria

Umhüllt jedes Kind mit göttlicher Liebe, Geborgenheit und Fürsorge im Schoße der göttlichen Mutter.

Alltag und Familie

Die Engel- und Erzengel-Symbole eignen sich generell für alle Bereiche, Du kannst sie immer und überall mit einsetzen. Sie kannst Du immer rufen und um Hilfe bitten.

Wenn Du Dir nicht sicher bist, wer Dir helfen kann, dann nimm die Engel- und Erzengelkarten aus dem Symbol-Set zur Hand. Ziehe nun von diesen Engelkarten eine Karte – vertraue und lass Dich führen, es kommt immer der Engel, der Dir in Deiner momentanen Situation behilflich sein kann.

Anschließend hole Dir noch Unterstützung aus den übrigen Symbol-Karten (den anderen Karten aus dem Set). Zieh auch hier so viele Karten, wie Dir Dein Gefühl sagt. Lege die Anzahl vorher fest, wie viele Du noch zu dem Engel dazunehmen sollst. Die erste Zahl ist die richtige. Und dann arbeite mit diesen Karten an diesem Tag oder für die Situation, die in die Heilung bzw. Veränderung gehen soll. Erzengel Sandalphon übernimmt in der Familie die Rolle des Partnerschaftsengels. Für die Ehe, die Beziehung zwischen Mann und Frau und allgemein die Beziehung zwischen den Geschlechtern. Ansonsten sind alle Engel in ihrer Funktion wie unter Erzengel, Engel und Schutzengel beschrieben.

Code Landos

Diese Lichtcodierung aus der Lichtsprache steht für Klarheit und Entscheidungen. Wende diese Lichtcodierung an, wenn Unklarheiten aufkommen. Das kann im Großen wie im Kleinen sein. Bei Unklarheit darüber, wie es in der Partnerschaft oder Ehe weitergehen soll und kann, bei Unklarheit über die Gefühle füreinander, bei Unklarheit darüber, welcher schulische Weg zum höchsten Wohle des Kindes ist, bei Unklarheit in finanziellen Bereichen.

Du siehst, dieser Code ist für alles anwendbar.
Er bringt Klarheit und Entscheidungen.

Wie auch immer diese dann aussehen mögen. Das muss nicht so sein, wie Du Dir das mit Deinem Verstand vorgestellt hast. Die geistige Welt klärt in göttlicher Ordnung. Oft versteht man erst Wochen oder Monate später, warum manches so war, wie es war. Für meinen Verstand war es in den Anfängen schon wichtig zu verstehen. Die Frage nach dem WARUM hat mich oft und lange beschäftigt.
Heute frage ich nicht mehr. Vertraue, dass das geschieht, was für Dich und Deine Umgebung vorgesehen ist.

Code Litius

Er steht für die Reinigung von Verbindungen und Situationen. Dies kann für partnerschaftliche, freundschaftliche, familiäre, schulische, berufliche und geschäftliche Verbindungen und Situationen gelten. Überall, wo es holpert und hakt, Du Dich nicht wohl mit der Situation fühlst, es Ärger und Disharmonien gibt. Reinige diesen individuellen Zustand und bitte um göttliche Ordnung, indem Du diesen Code aktivierst und die Situation wie mit Licht durchkämmst. Es wird sich das fügen, was vorgesehen ist. Versuche, das Ergebnis nicht beeinflussen zu wollen.

Mutter Maria

Hier in der Familie zeigt sie sich als Schutzpatronin der Familienenergie. Bitte sie, das Herz der Familie zu stärken, es mit Liebe zu nähren und Licht, Vertrauen, Kraft und Mut (Demut) einfließen zu lassen.

Die schwarze Sonne

Die schwarze Sonne ist Magnetismus pur. Ich habe dieses Zeichen bekommen, damit meine Arbeit leichter wurde, als die Herzöffnungsseminare immer größer wurden. Nach und nach lernte ich sie einzusetzen und ihre Kostbarkeit zu schätzen, dankbar für dieses Werkzeug zu sein. Anfänglich war ich total überrascht und eher abgeschreckt durch ihr dunkles Aussehen. Ein Zeichen, mit dem u.a. auch Hitler wirkte und somit diese unglaubliche Massenbewegung auslösen konnte.

Ich möchte hier keine Angst schüren. Ich habe mir gut überlegt, ob ich Hitler erwähnen soll. Es kam ein Ja von meiner Führung. Warum? Damit sich jeder ganz klar und bewusst darüber ist, dass die vorgestellten Symbole und Werkzeuge sehr machtvoll und somit kein Spielzeug sind und immer mit Bedacht und Herzenergie eingesetzt werden sollten. Ich liebe die schwarze Sonne, und auch sie ist einer meiner täglichen Begleiter geworden. Was kann man alles mit ihr tun? Es ist unendlich viel. Du wirst lernen, sie einzusetzen. Auch hier wird Dir Deine Führung über die Zeit immer mehr Möglichkeiten aufzeigen.

Du kannst mit der Sonne magnetisieren, verstärken, schützen, anziehen und vieles mehr. Gerade bei Transformation, Heilung und Entstörung ist sie genial. Du kannst damit Anziehungskräfte verstärken, z.B. die Anziehung des passenden Lebenspartners, des optimalen Jobs, von Geldfluss, guten Geschäften und Vertragspartnern.

Für alle Anwendungsbeispiele gilt: Lege die schwarze Sonne auf das Zeichen, das Du nun für Dich nutzen möchtest, und bitte um die Energieanhebung, die für Dich jetzt sein darf.

Gerade hier ist die Herzausrichtung, das Wirken aus dem Herzen heraus, das A und O. Gib anfänglich die Kraft, Intensität und Ausrichtung der Wirkung der schwarzen Sonne immer an die göttliche Führung ab. Wirke aus Deinem Herzen und nicht mit dem Verstand. Denn dieses Zeichen funktioniert auch, wenn jemand in die manipulative Ausrichtung geht, siehe Hitler. Doch das wird irgendwann auf den Anwender zurückfallen (Resonanzprinzip).

Code Resonanzbeschleuniger

Das Zeichen beschleunigt die Resonanzen, um in Klarheit zu kommen. Schritt für Schritt. Es öffnet Dir die Augen und lässt Dich vor allem durch die Spiegelbilder in Deinem gesamten Umfeld und Leben lernen. In allen Bereichen. Anfangs ist es in der Anwendung gefühlt sehr turbulent, und man könnte fast meinen, es stelle einem das ganze Leben auf den Kopf. Ein Unruhestifter!

Das kann sich so anfühlen, muss es aber nicht. Ich will damit nur sagen, dass hier meist schnell Veränderungen kommen oder sich andeutet, was verändert werden soll. Manchmal schmerzhaft und nicht gewollt, weil man gern am

Alten festhält.

Beruf: Später, wenn Klarheit und Reinheit vorhanden sind, kann es z.B. für den „Projekterfolg" eingesetzt werden, zusammen mit dem „Salomonstab". Es lässt Dich dann besser und schneller klar erkennen, wer der geeignete Mitarbeiter, Geschäftspartner oder wo der beste Weg ist. Man könnte es auch „das/sein Schiff in den eigenen Hafen lenken" nennen!

Code Entstörung

Hier im familiären Bereich beziehe ich es explizit auf den Haushalt: zur Entstörung von Geräten, Elektrik, Handy, Computer, Laptop, Internetverbindungen im Allgemeinen. Anzuwenden jedoch auch in allen anderen Bereichen: Partnerschaft, Liebe, Gesundheit, Wirtschaftlichkeit, Beruf und finanzielle Freiheit. Lege hier das Zeichen auf das entsprechende Gerät und aktiviere es so wie alle anderen Zeichen sonst auch. Bitte darum, dass Du Dich von allen äußeren Einflüssen abgrenzen darfst, die nicht zu Deinem Wohle sind. Dabei auch jene Familienmitglieder und Haustiere mit einschließen, die mit im Haushalt wohnen. Der Code schützt vor Übergriffen und negativen Strahlungen, woher auch immer sie kommen. Hier kannst Du Dir vorstellen, wie sich die Energie des Zeichens über die Systeme legt und alles blockiert, was nicht zu Deinem/Eurem höchsten Wohle ist.

Beispiele von mir:

Ich entkalke damit meine Kaffeemaschine, indem ich das Zeichen immer wieder mal gedanklich durch die Maschine schicke (etwa einmal pro Woche). Auch habe ich das Zeichen wie eine Lichtdusche am Eingang des Hauses manifest installiert und einen Engel gebeten, dass es sich jedes Mal ganz automatisch aktiviert, wenn jemand aus unserer Familie mit Einkäufen nach Hause kommt. Einkäufen aller Art.

Warum? Gerade der Einkauf aus dem Supermarkt, der mit den Strichcodierungen belegt ist, birgt so viel Manipulationsenergie in sich, Profitgier und vieles mehr. Doch darauf möchte ich nicht weiter eingehen. Aktiviere dieses Zeichen, und es wird sich vieles einfach in Luft auflösen, was sich sonst meist im Unterbewusstsein festsetzt. Auch entstöre ich damit manchmal Streitigkeiten unter Freunden der Kinder, wenn meine mit daran beteiligt sind.

Grenzenlos einsetzbar.

Dieses Zeichen ist auch eine Art „Notfallzeichen", ein Schocklöser. Für Situationen, die plötzlich eintreten, in denen man sich wie gelähmt fühlt, wie unter Schock steht und einem dadurch nichts mehr einfällt, was man tun könnte. Oder wenn man durch ein Erlebnis, Ereignis oder Thema so gelähmt ist, dass man alles „vergisst", was man zur Verfügung hat, um es bearbeiten zu können, selbst die Zeichen aus diesem Buch. Bei typischen Black-Out-Situationen. Ein Beispiel: Eine Teilnehmerin „erwischte" ihren Freund beim Lügen am Handy. Er erzählte ihr, er sei allein spazieren, dabei saß er mit zwei fremden Frauen am Tisch, trank Wein, unterhielt sich angeregt und hatte wohl ihre Verabredung vergessen. Sie war „zufällig" einen anderen Weg als sonst gegangen, sah ihn von weitem im Park-Café sitzen und rief ihn an. Die Frau war total geschockt, da Lügen und Hintergangen werden zwischen den beiden sowieso ein Thema war. Sie war so erstarrt, dass ihr tagelang nichts dazu einfiel, noch nicht mal das Ho'oponopono. In solchen Situationen hilft der „Code Entstörung", um aus der ersten Starre herauszukommen.

Weitere Beispiele:
Eine plötzliche Kündigung, eine plötzliche Trennung, ein unangenehmer Telefonanruf, eine schlechte Nachricht (Todesfall, schlimme Verletzungen usw.), plötzliche finanzielle Verluste, eine „schlimme" Diagnose, Beteiligter oder Zeuge eines Unfalls usw..

In solchen Situationen hilft der „Code Entstörung", aus der ersten Starre herauszukommen, wieder zu sich und ins Fließen zu kommen und dann die nächsten Schritte tun zu können. Man kann sich bildlich vorstellen, wie sich das Zeichen wie ein Stabmixer durch die Situation oder durch das Thema „durchackert" und erst mal alles, was stört, wörtlich „weghaut". Das wirkt befreiend, jedoch bitte mit Bedacht einsetzen. Kläre vorher immer mit Deiner Führung ab, mit Deinem Gefühl, ob Du es wirklich einsetzen darfst, außer bei einem Notfall. Nach dem Einsatz dieses Zeichens immer den „Code Harmony" als Letztes aktivieren, damit sich alles so harmonisiert und fügt, wie es göttlich vorgesehen ist.

Rufus
Ein runder Abschluss

Stelle Dir vor, wie ein Thema oder eine Situation sowie das damit aufkommende Gefühl komplett in der silbernen Lichtkugel zusammenkommen.
Bleibe nun in diesem Gefühl, bis Du ganz in Dir ruhst und Dir das Thema, das Gefühl mit all seinen Facetten aus einer distanzierten Perspektive ansehen kannst. Bitte das Lichtwesen Rufus um Hilfe, wenn es Dir schwerfällt, in Frieden zu kommen. Sobald Du ganz bei Dir bist, stelle Dir nun vor, wie alle Gefühle und Resonanzen zu diesem Thema in die dunkle violette Lichtkugel übertragen werden und sich über die Welle des Lichtes sich in das Universum transformieren. Bleibe so lange in Ruhe, wie es sich für Dich stimmig anfühlt. So sei es.

Code Atlantis

Zur Entfaltung Deines wahren Kraftpotentials – in allen Situationen und bei allen Aufgaben

Aufgaben, die man gerne macht, mit Freude, mit Leichtigkeit ... da vergeht die Zeit wie im Fluge, und man ist gut gelaunt. Aufgaben, die man nicht so gern macht und deshalb (auf)schiebt, dauern oft dreimal so lange wie alles andere und fühlen sich dabei so schwer an. Genau in diesen Situationen, bevor es losgeht, den Code Atlantis aktivieren und um Leichtigkeit bitten. Es wird dann sein. Vor der täglichen Hausarbeit, dem Putzen, Waschen oder Bügeln, der Steuererklärung, dem Sortieren von Belegen oder den Eintragungen ins Fahrtenbuch, der Renovierung, der Gartenarbeit oder dem Umzug. Bei all den Arbeiten, die Dir schwerfallen, für die Du gefühlt Stunden brauchst, obwohl sie schnell erledigt sein könnten. Generell ist zu sagen: Aktiviere ihn überall dort in Deinem Leben, wo es darum geht, den inneren Schweinehund zu überwinden.
Noch ein paar Beispiele:
Vor unangenehmen Gesprächen, Prüfungen, Verhandlungen, zum Abnehmen, vor dem Sport, bei allem, was Dir schwer fällt, bei dem Du nicht weiterkommst oder wovor Du Dich drücken möchtest. Der Code wird es Dir ganz leicht machen, einfach zu tun, oder Dich an Dein Grundthema führen, das hinter der Resonanz des Sich-drücken-wollens steckt. Warum fällt Dir dieses oder jenes schwer? Und schon geht's weiter an die nächste Arbeit. Der Code zeigt somit auch Themen auf und bringt Klarheit.

Water Clearing
Verändert die Wassereigenschaft.

Für das Trinkwasser, beim Kochen, Baden, Duschen oder auch beim Wäschewaschen! Aktiviere das Symbol für Deinen gesamten Wasserhaushalt einmal pro Woche. Lege Deine Hand auf irgendeine Wasserleitung im Haus oder in der Wohnung und bitte darum, dass sich jetzt diese Energie, dieses Symbol so in Deinem Wassersystem verbreitet, wie es für Dich und die Menschen, die bei Dir wohnen, zum höchsten Wohle ist. Oder gehe ganz explizit von Wasserhahn zu Wasserhahn in Deinem Zuhause und stelle Dir dabei vor, wie in jedem Wasserhahn ein energetischer Filter durch dieses Zeichen eingesetzt wird. Wähle die Art, mit der Du Dich wohl fühlst. Du wirst merken, wenn Du die Aktivierung mal vergisst. Der Unterschied, den Du schmecken wirst oder auf der Haut spüren kannst, ist gravierend.

Mayapriester Nutuk I

Er stärkt das Selbstbewusstsein eines jeden in der Familie. Die Zeichen der Mayas wirken insbesondere im Unterbewusstsein und sie stärken, indem sie im Unterbewusstsein an den Stellen auflösen, an denen die Gefühle oder Muster vergraben sind, die Dich jetzt von Deinem Selbstbewusstsein fernhalten. Sie wirken somit aus dem Moment der Situation heraus und gehen zielgenau auf die Energien ein, die bei Dir im Unterbewusstsein vergraben oder verschlossen sind.

Mayapriester Nutuk II

Mit diesem Symbol kannst Du an Deiner Selbstliebe und Deinem Selbstwertgefühl arbeiten. Auch wiederum auf der Ebene des Unterbewussten, in der Ebene, in der die Mayas sich auf Dich einlassen werden.

Mayapriester Nutuk III

Er ist für die Freiheit in Deiner Familie zuständig. Ein freies Miteinander. Jeder hat die Freiheit, sich so zu entwickeln, wie es für ihn vorgesehen ist. Auch hier wirkt die Energie des Mayapriesters genau an den Stellen in Deiner Familie, die es noch zu bearbeiten gilt. Überlasse es ganz der göttlichen Führung, der Führung von Nutuk.

Mayapriester Nevis

Er befreit von alten Energien, die Dich im Jetzt blockieren. Wie mit allen anderen Auflösungssymbolen in diesem Buch kannst Du auch mit Nevis an allem, was sich für Dich nicht gut anfühlt und was gelöst werden will, arbeiten. Allerdings gilt auch hier wieder: Nevis taucht gezielt in die Tiefen Deines Unterbewusstseins ein.

Mayapriester Saramis

Er steht für eine freie, fließende Sexualität in der Partnerschaft. Alle gespeicherten Zwänge, Ängste, Erfahrungen usw., die im Unterbewusstsein in Bezug auf dieses Thema hinterlegt sind, werden bearbeitet. Schritt für Schritt. Er war einer meiner mir am nächsten stehenden Begleiter in der Aufarbeitung meiner Missbrauchs-Energie. Ich brauchte knapp vier Jahre dazu, obwohl ich mit so viel Hilfe ausgestattet war! Es kam immer wieder und wieder, je weiter ich ging, je machtvoller ich wurde, umso mehr hat es sich gezeigt. Von meiner Führung wurde für mich Reinheit und Klarheit angestrebt, deshalb dieser intensive Prozess. Das muss sicherlich nicht bei jedem so sein, und ich weiß auch nicht, wie rein und klar ich bin. Doch es fühlt sich im Jetzt schon sehr gut an. Ich bin glücklich und frei. Frei in allem, auch in meiner Sexualität, und ich genieße sie.

Mayasonne

Ein sehr kraftvolles Heilzeichen. Die Sonne kann immer und überall mit eingesetzt werden. In Verbindung mit allem, was der individuellen Situation dienlich ist, in allen Bereichen. Hier für die Heilung von Familienstrukturen, bei Streitigkeiten usw..

Light flow + Light flow harmony

Wurzeln des Lichtes und Harmonisierung der Transformationsarbeit. Diese beiden Energien sind programmiert zur Auflösung von Karma und für die Lösungsarbeit im Allgemeinen.

Bitte immer beide zusammen verwenden!

Light flow, die Wurzeln des Lichtes, führen Dich über die Wellen des Lichtes zu den Wurzeln des Grundthemas. Bewusst oder unbewusst, ganz egal, was Du wahrnimmst oder nicht. Vertraue, dass die Lösung essentiell geschieht. Dass Muster aufgelöst werden, aus Körper, Geist und Seele, aus allen Zellen, in denen sie gespeichert und hinterlegt sind – ungeachtet des Raumes und der Zeit, wann und wie oft auch immer sich diese speziellen Muster ausgebildet haben. In Täter- wie in Opferrollen. Muster, die einem bewusst sind oder auch im Fußballfeld schwingen. Muster, Energien, Gelübde, Verwünschungen, Mangel, selbst auferlegter Mangel, Angst vor der eigenen Größe und Macht usw.. Spüre in Dein Thema hinein und dann lege Dir beide Zeichen auf. Dann stelle Dir vor, wie sich die Programmierungen und hinterlegten Dinge aus Deinem Körper, Deinem Geist und Deiner Seele verabschieden – ganz sanft auf diesen Licht-Wellen aus Deiner Resonanz getragen werden. Indem Du beide Zeichen zusammen auflegst, findet die Harmonisierung dieses Vorgangs automatisch statt.

Das Steuerrad

Zeigt Dir Deine Stärken auf und wo Dein Platz innerhalb der Familie und auch in Deinem Leben ist. Aktiviere es, wenn Du einfach nicht mehr weiter weißt, einen guten Rat brauchst und sich Unsicherheit breit macht. Wo oder wodurch auch immer ...

Macht, Berufsleben, Erfolg, Geldfluss, Fülle auf allen Ebenen

Saint Germain

Er steht für klare Worte, Klarheit im Ausdruck. Klarheit und Direktheit in allen Bereichen. Er kann immer und überall zu Hilfe gebeten werden. Macht, Berufsleben, Erfolg, Geldfluss, Fülle auf allen Ebenen, Die Engel- und Erzengel-Symbole eignen sich generell für alle Bereiche. Sie kannst Du immer rufen und um Hilfe bitten, auch im beruflichen und finanziellen Bereich.

Denn es darf in allen Ebenen, in allen Spiegelbildern Fülle sein. Wenn Du Dir nicht sicher bist, wer Dir helfen kann, dann nimm die Engel- und Erzengelkarten aus dem Symbol-Set heraus. Ziehe nun von diesen Engelkarten eine Karte – vertraue und lass Dich führen, es kommt immer der Engel, der Dir in Deiner momentanen Situation behilflich sein kann.

Anschließend hole Dir noch Unterstützung aus den übrigen Symbol-Karten (den anderen Karten aus dem Set). Ziehe auch hier so viele Karten, wie Dir Dein Gefühl sagt. Lege vorher fest, wie viele Du noch zu dem Engel dazunehmen sollst. Die erste Zahl ist die richtige.

Und dann arbeite mit diesen Karten für diesen Tag oder für die Situation, die in die Heilung oder Veränderung gehen soll. Einige der Engelenergien haben zusätzliche Funktionen in diesem Bereich.

M.A.C.H.T

M Erfolg, Reichtum, Fülle
A Bedingungslose Liebe, Demut, Diener sein
C Entwicklung/Aufbruch, Entfaltung der Gaben und Fähigkeiten
H Symbolisiert die Schöpferkraft/Herzkraft und die Heimat in Dir
T Übe Deine Macht aus – TUE ES!

Als ich diese Übersetzung von meinem Geistführer bekam, fragte er mich im gleichen Atemzug: „Wie kann man vor diesem WORT, dieser Energie ANGST haben?" Denn viele scheuen sich vor dem Wort Macht. Macht haben, Macht ausüben, machtvoll sein und seine Macht annehmen und leben – ich wollte das lange auch nicht, habe immer wieder Umschreibungen für dieses Wort gesucht, wie „die eigene Größe annehmen und leben".
Heute bin ich in meiner Macht, und es ist ebenfalls ein großer Schritt in Richtung Freiheit gewesen. Ein befreiender Schritt, endlich meine Macht anzunehmen und zu leben. Und einfach schön. Dass dieses Wort so verpönt

ist, gerade unter Energetikern, Medien und Heilern, hat für mich folgenden Grund: Es wurde ganz gezielt als manipulative und angstauslösende Energie dargestellt, um das gemeine Volk zu bremsen und es klein zu halten. Aber darauf möchte ich hier nicht weiter eingehen, denn ich möchte mich nicht in Verschwörungstheorien ergehen, obwohl sich mir so viel zeigt, was mit all diesen Manipulationen in der Welt zusammenhängt. Woher sie kommen, wer es gezielt tut und die Bürger/-innen bewusst befeuert mit Informationen und höchst sensiblen Techniken wie HAARP oder einfach nur über die banale Werbung im Fernsehen und die im Fluor der Zahnpasta gespeicherten Informationen. Aber es gehört nicht zu meinen Aufgaben, gegen diese Vereinigungen zu arbeiten. Sondern ich möchte den Menschen helfen, die sich aus diesen Manipulationen befreien wollen. Ihnen Mittel an die Hand geben, die funktionieren und die Freiheit bringen. Es ist wirklich so – und Du musst nicht mal dran glauben. Es einfach tun und mit dem was ich Dir gebe, arbeiten. Du wirst die Beweise bekommen! Nimm Du Deine Macht an – dieses Zeichen wird Dir dabei helfen und Deine Potenziale in allen Bereichen öffnen oder intensivieren. Aus Erfahrung kann ich authentisch sagen: So mancher Heiler und Energetiker ist nach Aktivierung und Umgang mit dem Macht-Zeichen so richtig in seine Kraft gekommen. Ungeahnte Potenziale haben sich gezeigt.

Code Maris
Das göttliche Siegel

Dieser Code ist speziell bei geschäftlichen bzw. beruflichen Projekten einzusetzen, z.B. Bauprojekten, Vertriebsprojekten - einfach geschäftlichen Vorhaben aller Art, die noch in der Anfangsphase, am Entstehen sind. Dieser Code gibt dem Kommenden Vollkommenheit und dass es sich in dem Kraftpotenzial entwickelt, wie es sein soll und kann. Dieser Code wirkt wie ein Katalysator für einen positiven Start!

Landos
Entscheidungen bestärken und beschleunigen

Diese Lichtcodierung aus der Lichtsprache steht hier für den Bereich „Entscheidungen". Wende diese Lichtcodierung an, um Entscheidungen zu beschleunigen oder Dir aufzeigen zu lassen, welche Entscheidung Du treffen sollst. Entscheidungen bezüglich Mitarbeiterauswahl, bei der Vertrags-gestaltung, bei der Berufswahl, bei der Entscheidung darüber, ob Du dem Chef etwas mitteilen sollst oder nicht, in Investitionsfragen usw..

Aktiviere diese Lichtcodierung so lange, bis die Entscheidung getroffen ist. Achte auf Zeichen, auf Hilfestellungen, die Dir von der geistigen Welt geschickt werden, um Dich zu führen.

Litius
Reinigung von geschäftlichen
Verbindungen und Situationen

Überall, wo es holpert und hakt, Du Dich nicht wohl mit der Situation fühlst, es Ärger und Disharmonien in geschäftlichen oder beruflichen Bereichen gibt. Verbindungen von Geschäftspartnern untereinander, Verbindungen von Vertriebsstrukturen, Verbindungen aller Art im geschäftlichen und beruflichen Bereich. Reinige diesen individuellen Zustand und bitte um göttliche Ordnung, indem Du diesen Code aktivierst und die Situation wie mit Licht durchkämmst. Es wird sich das fügen, was vorgesehen ist. Versuche, das Ergebnis nicht zu beeinflussen.

Die schwarze Sonne
Magnetismus pur

Siehe unter allgemeine Beschreibung und Tagesenergien. Was kann man hier in diesem Bereich mit ihr tun? Im geschäftlichen bzw. beruflichen Bereich ist sie ein Magnet und Katalysator für Erfolg. Du wirst lernen, sie einzusetzen. Auch hier wird Dir Deine Führung über die Zeit immer mehr Möglichkeiten aufzeigen.

Beispiele:
Um alle Zeichen zu magnetisieren, zu verstärken, lege die schwarze Sonne auf das Zeichen auf, das Du verstärken möchtest. Frage vorher nach, ob Du auch wirklich verstärken sollst. Höre auf Deinen ersten Impuls, die erste Stimme in Dir. Folge Deinem Bauchgefühl. Verstärke nicht aus dem Verstand heraus. Was kannst Du noch verstärken? Zum Beispiel die Anziehungskräfte. Anziehung des optimalen Jobs, Anziehung von Geldfluss, guten Geschäften und Vertragspartnern usw..
Gerade hier ist die Herzausrichtung, das Wirken aus dem Herzen heraus, das A und O. Gib anfänglich die Kraft, Intensität und Ausrichtung der Wirkung der schwarzen Sonne immer an die göttliche Führung ab. Wirke aus Deinem Herzen und nicht mit dem Verstand. Denn dieses Zeichen funktioniert auch, wenn jemand in die manipulative Ausrichtung geht, siehe Hitler. Doch das wird irgendwann auf den Anwender zurückfallen (Resonanzprinzip). Sie kann Dir Erfolg auf allen Ebenen in Dein Leben ziehen.

Die Sichel
Trennung/Abtrennung

Dieses Zeichen trennt vor allem karmische Energien ab, die sich störend oder blockierend auf ein Geschäft, Projekt oder auf den beruflichen Erfolg auswirken.

Bitte achtsam und mit Bedacht einsetzen und sich führen lassen. Du kannst die Sichel auf Dein Herz-Chakra auflegen und in die Situation, in der sie zum Einsatz kommen soll, hinein meditieren. Oder Du kannst die Situation unter den Obelisken legen. Die Situation, die bereinigt oder getrennt werden soll, auf ein Kärtchen schreiben, dieses Kärtchen mit einer Büroklammer mit der Symbolkarte der Sichel verbinden und es in göttlicher Ordnung wirken lassen. Unter dem Obelisken 14 Tage liegen lassen und nach Ablauf der Zeit je nach Stand der Dinge im Jetzt neu entscheiden, was zu tun ist. Ob Du nochmal 14 Tage verlängerst mit neuen Impulsen, die dazu kommen, oder sich die Situation nun anders darstellt und neue Schritte erforderlich geworden sind usw.. Du siehst, es ist so facettenreich.

Code Resonanzbeschleuniger

Der Resonanzbeschleuniger bringt Klarheit in die Geschäfte, Projekte und die damit verbundenen Geschäftsbeziehungen. Bei uns persönlich hat er anfänglich oftmals ein Riesenchaos verursacht. Für unseren Verstand „Chaos", denn letztendlich kam mit ihm nur die Klarheit. Doch unser Verstand hat oft eine andere Vorstellung von Klarheit als die geistige Welt, als unsere Führung.

Er öffnet Dir die Augen und lässt Dich vor allem durch die Spiegelbilder in Deinem gesamten Umfeld und Leben lernen. In allen Bereichen. Hier im geschäftlichen Bereich sorgt der Resonanzbeschleuniger für Erfolg. Besonders, wenn Du ihn zusammen mit dem M.A.C.H.T-Zeichen, dem Salomon-Stab und der schwarzen Sonne einsetzt.

Ein Power-Paket, deshalb ACHTSAM sein! Achtsam mit Dir und Deinem Umfeld. Später, wenn Klarheit und Reinheit vorhanden sind, kann es z.B. für den „Projekterfolg" eingesetzt werden, zusammen mit dem Salomon-Stab. Es lässt Dich dann besser und schneller klar erkennen, wer der geeignete Mitarbeiter, Geschäftspartner oder wo der beste Weg ist. Man könnte es auch als „das/sein Schiff in den eigenen Hafen lenken" formulieren!

Code Entstörung

Grenzenlos einsetzbar, um einen freien Fluss herzustellen oder einzuleiten. Überall wo es hakt, sich Störfaktoren und Verzögerungen zeigen.

Code Atlantis

Gibt Deinem geschäftlichen Vorhaben die Kraft der Urquelle, so, wie es für Dich in göttlicher Ordnung sein soll.

Rufus
Ein runder Abschluss

Stelle Dir vor, dass ein finanzielles Thema, ein Geschäft oder was auch immer in diesen Bereich passt, welches nun abgeschlossen werden soll, und das damit zusammenhängende, aufkommende Gefühl nun in der silbernen Lichtkugel zusammenkommen. Mache Dir das Gefühl dazu präsent. Die Freude, wenn Du es endlich geschafft hast. Bleibe in diesem Gefühl, bis Du ganz in Dir ruhst. Sobald Du ganz bei Dir bist, stelle Dir nun vor, wie sich alle Gefühle und Resonanzen zu diesem Thema in die dunkle violette Lichtkugel übertragen und über die Welle des Lichtes in das Universum transformiert werden. Bleibe so lange in Ruhe, wie es sich für Dich stimmig anfühlt. So sei es, es ist vollbracht.

Der Obelisk
Immer und für jeden Bereich einsetzbar.
Mir hat er schon viele Wünsche erfüllt!
Siehe unter allgemeine Beschreibungen auf Seite 80.

Erzengel Sandalphon
Harmonisierung der Störungen zwischen Mann und Frau
im beruflichen Bereich!

Er hilft bei sexueller Belästigung am Arbeitsplatz und ist allgemein für die Beziehung zwischen Mann und Frau auf der Karriereleiter und im Leben zuständig. Damit sich alles harmonisch entwickeln kann oder sich in Klarheit das zeigt, was stört. Was in Disharmonie ist, was sich verändern darf.
Wenn Du selbst Probleme am Arbeitsplatz hast oder von Problemen am Arbeitsplatz weißt, die mit diesem Thema zusammenhängen, dann bitte Sandalphon, dass er hilft, so wie es göttlich sein darf, und die Energien in Klarheit stellt. Wie das dann geschieht und welche Wege der Aufklärung auf Dich zukommen, das obliegt dann ganz dem göttlichen Weg. Vertraue, dass es zu Deinem höchsten Wohle ist, auch wenn vielleicht die Kündigung kommt oder für Dich die Information: „Kündige!".

Auch außerhalb der Arbeit kannst Du Sandalphon für Beziehungsthemen, Fragen und Unstimmigkeiten heranziehen. Er hilft Dir zu vermitteln. Die Sprache von Mann und Frau ist oft so unterschiedlich, dass man aneinander vorbeiredet, wenn denn überhaupt miteinander gesprochen wird. Sandalphon klärt auch diese Bereiche auf seine Art und Weise. Bitte ihn einfach um Hilfe und lass im Vertrauen geschehen.

Code Lexus
Visionen

Diese Lichtcodierung birgt ungeahnte Möglichkeiten in sich.

Aktiviere sie in Bezug auf Deine Visionen und Träume und gib diese frei. Frei wie ein Vogel am Himmel seine Flügel ausbreitet und sich vom Wind tragen lässt. Wohin auch immer der Weg führt. So manche Überraschung kann geschehen und so manche Vision in Erfüllung gehen oder eine Form annehmen, mit der man selbst so noch gar nicht gerechnet hat. Stelle Dir vor, wie Deine Visionen sich in der blauen Lichtkugel sammeln und über die Wellen des Lichtes ins Universum getragen werden.

Moments

Immer, wenn Du einen sofortigen Rat, Hilfe oder Unterstützung für anstehende Entscheidungen brauchst, dann aktiviere dieses Mayazeichen. Es entfaltet sich augenblicklich in Deinem dritten Auge und gibt Dir sofortigen

Zugang zu den Antworten, die Du benötigst. Aktiviere dieses Zeichen, und dann sei aufmerksam. Die Antwort kann aus Dir heraus kommen, aus Deinem Innersten, oder Du wirst im Außen auf etwas hingewiesen, das Dir hilft. Die Bemerkung eines anderen, ein Satz im Radio oder ein Geräusch … was auch immer. Vertraue und handle nach Deinem ersten Gefühl, welches sich bezüglich Deiner Frage einstellt. Auch wenn dann Deine Handlung, Dein TUN im irdischen Außen vielleicht nicht nachvollziehbar ist.

Wissen wir, wie die Wege des Göttlichen laufen? Nein. Also tun und vertrauen!

Mayapriester Nutuk I

Dieses Zeichen gibt Dir ein sicheres Auftreten und stärkt Dein Selbstbewusstsein, wann immer Du es brauchst.
Aktiviere es situationsbedingt. Der besondere Glanz, die Ausstrahlung, die man braucht, um z.B. ein gutes Bewerbungsgespräch zu führen. Du wirst für diesen Moment an Selbstsicherheit und Schein gewinnen, doch nur für den Moment. Arbeite mit diesem Zeichen generell an Dir, damit Du immer mehr von innen zu strahlen beginnst und sich die Muster und Blockaden dessen, was Dich von Deinem natürlichen Glanz abhält, gelöst werden.

König Salomon

Das M hat sich mir eines Tages am Himmel gezeigt, als ich um Hilfe bei der Entwicklung unserer geschäftlichen und finanziellen Lage gebeten habe. Wir waren von Anfang an erfolgreich in der Energie- und Heilarbeit, aber es gab immer wieder Störungen, und der Geldfluss war nicht konstant.

Dann zeigte sich dieses M – riesig groß – am Himmel. Es erinnerte mich sofort an den Weltkonzern McDonald's. Und was ist McDonald's? Erfolgreich! Ob auf allen Ebenen, kann ich nicht beurteilen, aber zumindest im geschäftlichen Bereich! Und es war mir sofort klar, dass dieses M für Geldfluss, Macht und Erfolg steht.

Du kannst es als Katalysator einsetzen für individuelle Geschäfte oder auch gedanklich jeden Tag für den finanziellen Fluss aktivieren. Für den geschäftlichen Erfolg im Allgemeinen. Auch hier sind die Einsatzmöglichkeiten unbegrenzt.

Das Zepter Salomons (Salomon-Stab)

Speziell nur für die Anhäufung von materiellem Reichtum und für freien Geldfluss. Stelle Dir vor, wie Du Dein Bankkonto mit diesem Stab berührst oder Menschen, die Dir z.B. noch Geld schulden. Du kannst damit alles gedanklich berühren, was Du Dir für Dich und Dein Leben wünschst: Autos, Häuser, große Geschäfte, Firmen. Doch sei achtsam, dieses Zeichen kann Dich schnell verführen und Dich größenwahnsinnig werden lassen. Deshalb mit Bedacht und Herzenergie einsetzen. König Salomon war irgendwann nicht mehr Herr seiner Sinne – so hat er es mir übermittelt. Er ist einer meiner Geistführer und im Vertrauen, dass ich behutsamer und bewusster mit dieser Macht umgehe als er. Jeder in Eigenverantwortung. Du alleine trägst die Verantwortung für Deine Gedanken, Deine Gefühle und Dein Handeln.

Steuerrad

Im geschäftlichen Bereich bitte immer nur für den jeweiligen Moment einsetzen, d.h., in Gesprächen, bei Verhandlungen oder Sitzungen, die sich in eine unerwünschte Richtung entwickeln, in Gedanken das Steuerrad aktivieren und um eine positive Wendung bitten. Dieses Zeichen immer und ausschließlich nur im JETZT anwenden, wenn diese Situation präsent ist. Nicht davor und nicht danach.

Mayasonne
Ein sehr kraftvolles Heilzeichen

Die Sonne kann immer und überall mit angewendet werden.
In Verbindung mit allem, was der individuellen Situation dienlich ist. In allen Bereichen. Hier für die Heilung dessen in Dir, was Dich von der vollkommenen Fülle, die für Dich in diesem Leben bereit steht, noch abhält.

Probiere doch einfach aus:
Aktiviere die Sonne z.B. in einer zerrütteten, geschäftlichen oder in einer aus Deiner Perspektive aussichtslosen Situation. Aktiviere die Sonne zum höchsten Wohle aller Beteiligten und bitte um Heilung und darum, dass das geschieht, was sein soll. Und dann schaue, was geschieht. Und wenn es nur die Trennung in Frieden oder der runde Abschluss ist.

Wurzeln des Lichtes
Harmonisierung der Transformationsarbeit

Diese beiden Energien sind programmiert zur Auflösung von Karma und für die Lösungsarbeit im Allgemeinen.

Bitte immer beide zusammen verwenden!

Light flow, die Wurzeln des Lichtes, führen Dich über die Wellen des Lichtes zu den Wurzeln des Grundthemas. Bewusst oder unbewusst, ganz egal, was Du wahrnimmst oder nicht. Vertraue, dass die Lösung essentiell geschieht. Dass Muster aufgelöst werden, aus Körper, Geist und Seele, aus allen Zellen, in denen sie gespeichert und hinterlegt sind – ungeachtet des Raumes und der Zeit, wann und wie oft auch immer sich diese speziellen Muster ausgebildet haben. In Täter- wie in Opferrollen. Muster, die einem bewusst sind oder auch im Fußballfeld schwingen. Muster, Energien, Gelübde, Verwünschungen, Mangel, selbst auferlegter Mangel, Angst vor der eigenen Größe und Macht usw.. Hier bezogen auf Fülle. Fülle, Reichtum, finanzielle Freiheit usw. – alles, was Dich stört und den finanziellen, materiellen Fluss unterbricht oder umlenkt! Spüre in Dein Thema hinein und dann lege beide Zeichen auf ... Dann stelle Dir vor, wie sich die Programmierungen und hinterlegten Dinge aus Deinem Körper, Deinem Geist und Deiner Seele verabschieden – ganz sanft auf diesen Licht-Wellen aus Deiner Resonanz getragen werden. In dem Du beide Zeichen zusammen auflegst, findet die Harmonisierung dieses Vorgangs automatisch statt.

Saint Germain
Im beruflichen und geschäftlichen
Bereich das wachende Auge

Durch ihn erhältst Du die faszinierende Möglichkeit, immer ein paar Schritte voraus zu sein. Ich weiß um das Im-Jetzt-Leben, und ich predige es ja selbst immer und immer wieder. Wir leben im Jetzt, und dies ist essentiell. Dieses Zeichen wurde mir jedoch gegeben, um geschäftliche Bauchlandungen und Bruchlandungen zu vermeiden. Oder um so manche Konflikte, die sich anbahnen, zu harmonisieren und in eine andere Richtung zu lenken, bevor sie eskalieren. Du kannst das wachende Auge überall aktivieren. Wo auch immer Du meinst, es zu brauchen. In der Firma, bei allgemeinen geschäftlichen Entwicklungen, über einzelne Firmenstrukturen oder Vertriebssysteme, über dem Firmenkonto, der Entwicklung allgemein. Dem Verwendungsreichtum sind auch hier keine Grenzen gesetzt. Durch dieses Zeichen wirst Du merken, wenn etwas zu „brodeln" beginnt, noch bevor es wirklich begonnen hat. Du wirst Informationen und Impulse diesbezüglich bekommen, um noch rechtzeitig harmonisierend und heilend eingreifen zu können. Hier ist es ganz wichtig, DIR zu vertrauen. Deinem Gefühl, Deinen Impulsen, Deinem Bauchgefühl und einfach zu TUN. Auch wenn es für viele Menschen in Deinem Umfeld nicht nachvollziehbar sein wird, warum Du handelst, wie Du handelst.

Medialität

Die Engel- und Erzengel-Symbole eignen sich generell für alle Bereiche, Du kannst sie immer und überall mit einsetzen. Sie kannst Du immer rufen und um Hilfe bitten. Wenn Du Dir nicht sicher bist, wer Dir helfen kann, dann nimm die Engel- und Erzengelkarten aus dem Symbol-Set. Ziehe nun von diesen Engelkarten eine Karte – vertraue und lass Dich führen, es kommt immer der Engel, der Dir in Deiner momentanen Situation behilflich sein kann. Anschließend hole Dir noch Unterstützung aus den übrigen Symbol-Karten (den anderen Karten aus dem Set). Ziehe auch hier so viele Karten, wie Dir Dein Gefühl sagt. Lege vorher fest, wie viele Du noch zu dem Engel dazunehmen sollst. Die erste Zahl ist die richtige.
Und dann arbeite mit diesen Karten für diesen Tag oder für die Situation, die in die Heilung/Veränderung gehen soll.

Ich habe in meinen Anfängen fast ausschließlich mit den Erzengeln und Engeln wirken dürfen. Sie haben mir geholfen, waren meine Lehrer und Führer. Sie gaben mir Liebe, Halt, Geborgenheit und Trost. Jedoch waren sie auch sehr klar und bestimmend, wenn ich mich habe gehen lassen, den „falschen" Weg gegangen bin oder einfach bockig war, weil ich den ganzen „Spirit-Scheiß" nicht mehr machen wollte. Bitte entschuldigt meine Wortwahl, aber diese Zeiten gab es auch. Und in diesen Zeiten habe ich die Engel als sehr väterlich wahrgenommen. Manche zumindest, besonders Metatron. Manchmal kam auch gar nichts mehr. Keine Antwort, keine Führung – nichts. Dann wusste ich immer sofort, jetzt habe ich doppelt großen Bockmist gebaut und muss alleine da durch, lernen und erfahren. Doch jede Erfahrung hat mich stärker gemacht, wachsen und reifen lassen. Ich habe die Engel immer als Freunde und Wegbegleiter wahrgenommen, mit denen man ganz normal umgehen soll. Wie mit dem besten Freund oder der besten Freundin. Ich habe immer und überall mit ihnen gequatscht: beim Kochen, beim Autofahren, unter der Dusche. Wo auch immer mir etwas eingefallen ist, was ich erzählen wollte, oder wo ich Hilfe gebraucht habe. Probiere das doch einfach mal aus. Egal, ob eine Antwort kommt oder nicht.

Nicht aufgeben. Es geschieht immer irgendetwas, auch wenn Du es nicht bewusst wahrnimmst. Sei im Vertrauen.
Irgendwann kommen die Beweise, denn sie wissen, dass wir Menschen – noch – Beweise brauchen.

Die Chakra-Symbole

Hier führe ich alle sieben Chakra-Symbole auf mit den Beschreibungen, die ich dazu bekommen habe. Zudem gibt es von mir eine CD mit einer geführten Chakra-Meditation pro Chakra. Wenn Du mit den Chakra-Symbolen ohne meine CD arbeitest, dann stell Dir vor, wie der dazugehörige Lichtstrahl sich in Deinem Chakra ausbreitet und für Dich wirkt!

Wurzel-Chakra
Hier kommt der Strahl der Schöpfung zum Einsatz

Eine Mischung aus weißem und pfirsichfarbenem Licht. Dieser Strahl trägt die Energie von Mutter Maria und Erzengel Gabriel. Öffne Dich für diesen Lichtstrahl und nimm auch das Symbol für das Wurzel-Chakra in Dir auf.

Sakral-Chakra

Hier zeigt sich ein rosaroter Strahl. Dieser Strahl trägt die Energie von Freiheit, Sinnlichkeit, Kreativität und Demut.

Gelenkt von weiblichen Meisterenergien aus der weißen Bruderschaft und Erzengel Chamuel. Übermittlungen zum Sakral-Chakra: Habe den Mut, Deiner inneren Stimme – Deinem Gefühl – zu vertrauen und danach zu handeln. TUE, was DU fühlst! LEBE DEIN LEBEN. Und verlasse den NEBEL, der sich vielleicht wie ein Schleier durch manche Bereiche Deines Lebens zieht. Hast Du schon mal das Wort LEBEN rückwärts gelesen? Das Sakral-Chakra steht auch für die Lebenslust. Öffne Dich für diesen Lichtstrahl und nimm auch das Symbol für das Sakral-Chakra in Dir auf.

Solarplexus-Chakra

Ein goldgelber Strahl, der die Energie von Weisheit, Kraft und Erleuchtung in sich trägt. Gelenkt in einer Verbindung von Konfuzius, El Morya und Erzengel Jophiel. Sie fordern Dich auf, Deine Größe zu erkennen und zuzulassen. Öffne Dich für diesen Lichtstrahl und nimm auch das Symbol für das Solarplexus-Chakra in Dir auf.

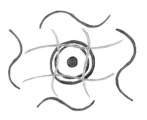

Herz-Chakra

Ein magentafarbener Strahl berührt Dein Herz-Chakra. Reine Christusenergie, Harmonie und bedingungslose Liebe füllen Dein Herzzentrum aus. Öffne Dich für diesen Lichtstrahl und nimm auch das Symbol für das Herz-Chakra in Dir auf.

Hals-Chakra

Dieser Strahl zeigt sich aquamarinfarben und steht für Klarheit. Klarheit auf allen Ebenen. Gelenkt durch eine Verbindung von aufgestiegenen Meistern der weißen Bruderschaft. Öffne Dich für diesen Lichtstrahl und nimm auch das Symbol für das Hals-Chakra in Dir auf.

Stirn-Chakra

Ein violetter Strahl für Transformation, Hingabe, Öffnung und Verstärkung Deiner Wahrnehmungen, gelenkt von Saint Germain und Erzengel Zadkiel. Öffne Dich für diesen Lichtstrahl und nimm auch das Symbol für das Stirn-Chakra in Dir auf.

Kronen-Chakra

Das Kronen-Chakra wird ausgeleuchtet mit einem kristallinen Strahl. Eine Bündelung von Lichtstrahlen, gelenkt aus der Ebene der kosmischen Energien und der weißen Bruderschaft. Dein Energie-Niveau hebt sich an, und Deine Verbindung ins Göttliche ordnet sich NEU! Erzengel Metatron und Erzengel Michael begleiten Dich bei diesem Prozess. Öffne Dich für diesen Lichtstrahl und nimm auch das Symbol für das Kronen-Chakra in Dir auf.

Die nächsten vier Zeichen habe ich im Zusammenhang mit den „Tagen der Medialität" bekommen, die wir über die Ferne in Stille anbieten. Unglaubliche Dinge sind uns hier von den Teilnehmer/-innen berichtet worden. Heute ist es für uns ganz normal, wenn uns die Menschen von ihren Veränderungen schreiben. Es ist so!

Opening

Eintrittscodierung für die Ebene der weißen Bruderschaft

Nimm Dir Zeit und meditiere mit diesem Zeichen. Alles, was hier geschehen kann, ist sehr individuell. Bei jedem wird sich genau das zeigen, was an Gaben und Fähigkeiten in ihm angelegt ist und sich in diesem Leben entfalten darf. Das gilt für alle Symbole in dem Bereich der Medialität. Wenn es zu diesem Zeitpunkt nicht vorgesehen ist, kann auch einfach nichts passieren.

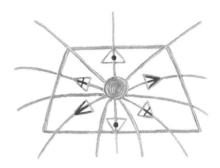

Master Code

Hier wird die Verbindung zu einem oder mehreren Mitgliedern der weißen Bruderschaft hergestellt. Es können sich die unterschiedlichsten Meisterenergien melden. Oftmals melden sie sich direkt über einen Satz oder stellen sich gar vor. Oder sie sind wahrnehmbar als Gefühl der Berührung, eines Windhauchs oder spürbare Wärme oder Kälte. Ich habe auch schon erlebt, dass sie sich über Gerüche zeigen, wie z.B. Schokolade (so meldet sich gerne Bruno Gröning), Vanille, Rose (Pater Pio) oder Yasmin (Mutter Maria). Kryon zeigt sich gerne über Minze.

Lass einfach geschehen, was geschieht, und sei nicht ungeduldig. Im Gegenteil, je weniger Erwartungen Du hast, umso besser. Sei in Neutralität und frei von Erwartungen. Aber das ist ein Prozess, der nicht von heute auf morgen stattfinden kann. Ich war immer sehr ungeduldig und wollte alles auf einmal haben und wissen und schnell, schnell weitergehen (in meinen ersten beiden Jahren). Irgendwann habe ich gelernt und begriffen, dass mir meine Ungeduld immer nur den Wind aus den Segeln genommen hat, mich gebremst und mich oft in Wartestellung positioniert hat. Wenn ich unbedingt Antworten von den Engeln wollte, habe ich NIE welche bekommen. So habe ich gelernt, alles so zu nehmen, wie es ist, und zu vertrauen, dass es gut so ist, wie es ist.

Das göttliche Auge

Dieses Zeichen erhöht Deine Wahrnehmung in den Bereichen, in denen es für Dich vorgesehen ist. Bei vielen Menschen ist es wirklich die Gabe des Sehens mit dem dritten Auge, doch immer in Verbindung mit Informationen und dem Aufzeigen von Zusammenhängen, sei es für Dich oder für andere. Aktiviere dieses Zeichen, meditiere damit und probiere es für Dich aus.

Jesus Christ

Durch dieses Zeichen wird eine hohe Energie in Dir freigesetzt

Die Christus-Energie, die jeder in sich trägt. Denn wir haben das Göttliche in uns. Jeder von uns. So wurde es mich gelehrt. Es ist normal, mit der Christus-Energie wirken zu können und zu dürfen. Jedoch ist die Intensität bei jedem unterschiedlich.

Viele Menschen verherrlichen jedoch diese Energie und siedeln sie so hoch an, dass sie sich letztendlich unwürdig fühlen oder diese Energie für sich nicht annehmen können – somit kann diese Christus-Energie nicht in ihnen freigesetzt werden.

Das Gefühl des „Unwürdigseins" blockiert die Freisetzung. Die geistige Welt stellt uns all diese Energien im Vertrauen zur Verfügung. Christus stellt sich zur Verfügung, und ich bitte Dich in Dankbarkeit und Demut einfach anzunehmen und zu tun, was kommen wird. Denn Deine Aufgaben werden sich zeigen, je mehr Du Deine Macht annimmst.

Meister Chion
Die Energie der Telepathie

Auflegen, aktivieren und damit meditieren oder sie einfach wirken lassen. Wenn Du nähere Informationen über Telepathie wünschst, dann recherchiere zu diesem Thema und übe zusammen mit dieser Codierung. Es wird nicht jeder damit in Resonanz gehen!

Code Maris
Lass Dein wahres Kraftpotenzial frei

Nutze das komplette Kraftpotenzial aus Körper, Geist und Seele. Lege Dir den Code auf und bitte um ganzheitliche Öffnung der Kraft, die in Dir steckt.

Code Malek
Erdung und Ausgeglichenheit

Dieser Code ist in diesem Bereich für die Erdung zuständig. Wenn Du mal keine Zeit hast, in die Natur zu gehen, Dich mit der Erde zu verbinden, hilft Dir dieses Zeichen, um die Verbindung zwischen Erde und Himmel in Harmonie zu bringen.

Mayapriester Nutuk I
*Er löst Disharmonien und Störungen,
die sich im Jetzt in Bezug auf Deine Medialität zeigen*

Störungen und Disharmonien, die Dir das Vorankommen im Innen wie im Außen erschweren. Arbeite situationsbedingt mit diesem Zeichen und löse auf, was zu tun ist.

Mayapriester Nutuk II
Ein Zeichen der Mayas für die bedingungslose Liebe

Eine Hommage an Dich und Dein Sein, Deinen Körper, Deinen Geist und Deine Seele. Je mehr Du an Deiner Selbstliebe arbeitest, es Dir wert bist, Deine Macht anzunehmen, umso mehr werden sich Deine Gaben und Fähigkeiten öffnen und zeigen. Aktiviere, wann immer Du möchtest, dieses Zeichen in Dir. Die Liebe heilt alles und befreit. Schritt für Schritt. Auch gut anzuwenden als ein harmonisierendes Abschlusszeichen für andere energetische Arbeiten.

Mayapriester Nutuk III
Opferenergien lösen

Nutuk III hilft Dir, die Opferrolle bewusst zu verlassen.
Auch wenn Du nicht weißt, wo genau sich diese Energie in Dir befindet, leg dieses Zeichen auf und bitte darum, dass sich alles löst, was Hier, Heute und Jetzt gehen darf. Bitte um Erlösung aus der Opferrolle, ungeachtet von Raum und Zeit.

Mayapriester Saramis
Steht für die Sexualkraft, eine ungeahnte Kraft,
die bei vielen brach liegt

Damit ist die Vereinigung der weiblichen und männlichen Kraft in Dir gemeint. Viele unterschätzen die Kraft der Sexualität in Bezug auf Heilung von Körper, Geist und Seele und der energetischen Weiterentwicklung. Wer diese Kraft in sich ungenutzt schlummern lässt oder sie sogar ablehnt, wird nie die wirkliche Schöpferkraft in sich fühlen. So wurde es mich gelehrt. Und das bedeutet, sie zu leben. Irdisch zu leben.

Hier eine Erfahrung von mir aus dem Jahr 2010:
Mir wurde vermittelt, warum so viele Menschen, Männer wie Frauen, sich in ihrer Spiritualität, in ihrer Entwicklung, auf dem Weg zum Erwachen, zum Wissen oder wie auch immer es jeder Einzelne für sich betitelt, STEHENBLEIBEN, einfach nicht weiterkommen. Sie haben den Baustein der gelebten Liebe, das Feuer der Leidenschaft, die Sexualkraft in sich nicht integriert, bringen diesen Baustein nicht zum Ausdruck. Mir wurde gezeigt, dass dieser Baustein essentiell wichtig ist, um immer weiter vorangehen zu können. Und ich beziehe dieses Vorangehen hier explizit auf die Entwicklung der Spiritualität, der Kraft, die in uns ist. Ich dachte, bei mir sei das alles kein Thema mehr, es war gefühlt alles in Ordnung bei meinem Mann und mir. Doch hoppla! Da haben sie wieder was gefunden. Ich stand wieder vor der nächsten Entwicklungsphase ... Ich bekam folgenden Satz aus der geistigen Welt: „Potenziere Deine Kraft, gepaart mit dem Feuer in Dir. Lebe Deine Leidenschaft."

Diese Phase wurde für mich eingeleitet, doch ich habe mich immer wieder herausgewunden. Denn anfänglich war ich entsetzt, was aus der geistigen Welt kam. Ich konnte es nicht verstehen und greifen... Es kam wie aus heiterem Himmel während des Abendessens folgender Satz: „Liebe wie eine Hure". Ich dachte, ich höre nicht richtig. So was von oben? Hm. Das ging erst mal gar nicht. Mein Mann freute sich über diese Weisung der geistigen Welt. Bei mir kam Rückzug und Widerstand. Einen Tag später kam die erste Erklärung und Erläuterung zu diesem Wort **HURE**:

Human Urgent Required Essence.

Die Übersetzung lautet:
Für die Menschheit dringend benötigte Essenz.

Ich bin der festen Überzeugung, dass diejenigen Lichtarbeiter und Heiler, die mit hohen Energien wirken dürfen und vorangehen, diesen Baustein integriert haben. Wie auch immer. Ob in der Ehe, mit unterschiedlichen Partnern, das ist ganz egal. Doch die Leidenschaft, das Feuer der Liebe, sich voll und ganz fallen lassen können, dem Partner vertrauen, sich öffnen oder auch einfach nur die Lust leben. Und wer es nicht schafft und sich zurücknimmt, gelebt wird auf dieser Ebene statt selbst zu leben oder es überhaupt nicht lebt, der wird stehen bleiben. Vielleicht ein bisschen nach rechts gehen oder mal einen ganz anderen Weg einschlagen ... ein paar Erkenntnisse hier und da. Doch es wird erst wieder Entwicklungssprünge geben, wenn sich diese Kraft integriert hat. Das können lange Prozesse sein, bis man in diesem Bereich wirklich ganz frei sagen kann: „Ich gebe mich meinem Partner/meiner Partnerin hin, im Vertrauen, in Liebe, in Ekstase, verbunden mit Spaß und Freude. Ich ehre mich und ich ehre ihn/sie. Ich lasse frei und bin doch tief verbunden."
Saramis, Sandalphon und je nach Situation auch andere Zeichen und Energien helfen Dir auf diesem Weg. Lass Dich führen von Deinen Impulsen und Eingebungen.

Mayapriester Nevis
Die Mayaenergie der Freiheit

Sie wird Dir helfen, Dich von so manchen Altlasten zu befreien. Sei es im Hier und Jetzt oder aus karmischen Situationen. Es wird das gehen dürfen, was für Dich nun vorgesehen ist. Aus Körper, Geist und Seele. Lege das Zeichen von Nevis auf und bitte, dass es seinen Dienst tun soll. Lass einfach geschehen oder gehe aktiv ins Mitwirken, indem Du Nevis die Themen übergibst, die Dir als Erstes in den Sinn kommen. Hier im Bereich der Medialität bitte ihn, alles zu lösen und zu löschen, was Dich von Deinen nächsten Schritten abhält; was Dich davon abhält, Deine Macht und Freiheit in Vollkommenheit anzunehmen. So sei es!

Mayasonne

Die Sonne wirkt in diesem Bereich besonders harmonisierend auf die laufenden Prozesse, die sich in der Entwicklung der Medialität zeigen. In besonders turbulenten Phasen am besten um den Hals tragen oder in die Tasche stecken.

Code Laurus

Den sechsten Sinn entwickeln, schärfen und die Wahrnehmungen dann auch umsetzen. Fehlprogrammierungen löschen, lösen oder transformieren. Programme, Manipulationen, Verwünschungen, in Täter- wie in Opferrollen und vieles aus dem Karmischen. Diese Energien bzw. Muster wirken sich stark auf Deinen sechsten Sinn aus und bremsen den freien Fluss, sie bremsen Deine Entwicklung. Lege Dir dieses Symbol auf und stelle Dir vor, dass das Symbol wie ein energetischer Besen durch Dein System kehrt und wie ein Magnet das an sich zieht, was weg darf. In Leichtigkeit. In der Leichtigkeit der Lichtsprachen und um das Licht in Dir immer klarer werden zu lassen!

Der Obelisk
Ein Allrounder auch hier in der Medialität.
Siehe Beschreibung auf Seite 80.
Er sollte ein täglicher Begleiter sein.

Code Open Eye

Wenn es sein darf. Was für Dich in diesem Leben an Gaben und Fähigkeiten vorgesehen ist. Lege Dir das Zeichen auf das dritte Auge auf und meditiere damit!

Die Kundalini-Energie erwecken
Zeichen I und II

Meditiere mit beiden Zeichen, am besten mit oder bei einer geführten Meditation (CD) von mir. Das kann auch die Herzkraft-Meditation auf der CD sein, die es zum M.A.C.H.T - Buch gibt.

Meine Stimme ist dabei wichtig.

Lege Dir das Symbol Kundalini I auf das Ende Deines Rumpfes auf und die Kundalini II auf Dein Wurzel-Chakra. Meditiere mindestens 30 Minuten und lasse einfach nur geschehen, ohne zu kontrollieren oder zu steuern. In Seminaren oder über Internet-TV biete ich an, diese Energien unter meiner Führung zu aktivieren. Doch folge Deinem Gefühl oder Deinem Impuls und vertraue Dir. Bitte die Engel, dass es in der Kraft und Stärke für Dich geschieht, wie es zu Deinem höchsten Wohle ist. So sei es. Oftmals wird die Kundalini-Energie als sehr schmerzhaft beschrieben und mit tosendem Lärm und lauter Musik heraufbeschworen. Ich überspitze hier meine Ausdrucksweise etwas, da es mich so absolut nicht gelehrt wurde. Die Kundalini wird bei mir ganz sanft im Liegen oder Sitzen erweckt, und dies meist fast schmerzfrei. Nur in ein paar Fällen hielt über ca. 30 Minuten ein starkes Ziehen im Unterleib und im unteren Rückenbereich an, das sich aber durch ein Harmonisierungssymbol relativ schnell ausgeglichen hat. Es gibt so viele Erklärungen zur Kundalini. Ich kenne diese Erklärungen alle nicht. Für mich kam in Einfachheit: „Die Kundalini ist ein weiterer Schritt auf dem Weg zur Verwirklichung Deines Freigeist-Daseins"! Was auch immer das für jeden Einzelnen an zusätzlichen Kräften und tiefem inneren Wissen bedeutet!

Moments

Dieses Zeichen wenden wir im medialen Bereich ausschließlich aus dem Moment heraus zur Erhöhung der Wahrnehmung des dritten Auges an. Zum Beispiel zum Aurasehen. Jeder Teilnehmer unserer mehrtägigen Workshops konnte damit Aurasehen!

Engel der Energieanhebung

Ein Engel, den ich täglich einsetze, immer wieder über den Tag verteilt, in den unterschiedlichsten Situationen. Die eigene Schwingung erhöhen und anheben, dieses Symbol benutze ich täglich vor jeder meiner Arbeiten. Die Schwingung erhöhen von mir, von meinem Gegenüber, für Aurasichtigkeit, für Gaben und Fähigkeiten, damit mein Gegenüber sich auf meine Energieebene einschwingen kann, so weit wie möglich und vorgesehen! Bilder sehen, fühlen, spüren, so dass die Sensitivität erhöht wird usw.. Alles ist möglich! Die Schwingung erhöhen von Räumlichkeiten, für Meditationen und energetisches Arbeiten usw.. Grenzenlos einsetzbar!

Mutter Maria
Sie ist zuständig für die „ICH BIN KRAFT" IN DIR.

Lege Dir die Verbindung zu Mutter Maria auf und sprich in Gedanken oder auch ganz laut, so wie es sich für Dich gut anfühlt, folgende Worte:

Ich bin vollkommenes Licht.
Ich bin vollkommene Liebe.
Ich bin vollkommenes Vertrauen.
Ich bin vollkommene Reinheit und Klarheit.
Ich bin vollkommene Kraft.
Ich bin vollkommener Mut.
Ich bin Dualität.
Ich habe das Göttliche in mir.
Ich bin Schöpferkraft!

Ich bin, die ich bin, ich bin, der ich bin, und lebe, was ich bin. Ich nehme jetzt den Mittelpunkt auf der Bühne des Lebens ein! Du kannst es in allen Varianten, die Dir einfallen, wiederholen und sprechen. So oft es Dir guttut. Ich habe es oft beim Joggen laut gerufen oder auch in Gedanken immer wieder vor mich hin gesprochen.

ICH BIN!!

Die Flamme des Heiligen Geistes

Diese Energie hilft Dir, die laufenden und kommenden Prozesse und Veränderungen leichter zu durchlaufen. Manchmal darf es auch ganz leicht gehen. Die Energie des Heiligen Geistes ist uns allen, unseren Seelenkörpern so vertraut! Fühle Dich behütet und beschützt, und gehe Deinen Weg, egal, wie schwer er sich manchmal auch anfühlen mag. Lege Dir die Flamme auf Dein Herz-Chakra auf und lasse sie Dein Herz erleuchten und Dir einfach beistehen.

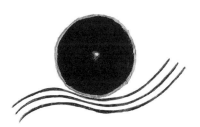

Die schwarze Sonne
Magnetismus

Sie ist ein neutrales Zeichen und Magnetismus pur. Eine ausführliche Beschreibung habe ich unter MACHT (Seite 136) geschrieben.

Wie kann man sie im Bezug auf die Medialität einsetzen?
Hier ist sie ein Magnet und Beschleuniger von Kraft und Intensität, wenn sie

mit anderen Zeichen aus dem Bereich Medialität kombiniert wird.

Doch bitte wende sie hier in der Medialität erst nach etwa drei Monaten an, wenn Du schon etwas Erfahrung im Umgang mit den Energien hast. Auch hier wird Dir Deine Führung über die Zeit immer mehr Möglichkeiten zeigen.

Anwendungsbeispiele:

Um alle Zeichen zu magnetisieren, zu verstärken.

Gerade bei Transformation, Reinigung, Heilung und Entstörung einfach genial. Du wirst lernen, mit ihr umzugehen, ihre Vorzüge erkennen und sie irgendwann vielleicht genauso schätzen und lieben wie ich es tue, auch wenn sie nicht so schön und liebevoll aussieht wie so manch anderes Symbol!

Code Resonanzbeschleuniger

Dieser Code beschleunigt die Resonanzen im Außen wie im Innen, um in Klarheit und Reinheit zu kommen. Schritt für Schritt. Er öffnet Dir die Augen und lässt Dich vor allem durch die Spiegelbilder in Deinem gesamten Umfeld und Leben lernen. In allen Bereichen. Anfangs ist er in der Anwendung gefühlt sehr turbulent, und man könnte fast meinen, er stelle einem das ganze Leben auf den Kopf. Ein Unruhestifter!

Das kann sich so anfühlen, muss es aber nicht. Ich will damit nur sagen, dass hier meist schnell Veränderungen kommen oder sich andeutet, was verändert werden soll.

Manchmal schmerzhaft und nicht gewollt, weil man gern am Alten festhält. Hier im Bereich der Medialität kannst Du den Resonanzbeschleuniger einsetzen, um Dir aufzeigen zu lassen, welche Energien Dich von der Vollkommenheit, der Macht in Dir abhalten, Dich bremsen, Dir nicht dienlich sind. Im Innen wie im Außen. Setze dieses Zeichen hier in diesem Bereich in den ersten drei Monaten höchstens einmal pro Woche ein!

Engel der körperlichen Reinigung

Dieser Engel wird hier explizit erwähnt, da es sehr wichtig ist, auch das innere Haus zu säubern. Denn all das, was Du empfängst, was sich in Dir entwickelt, kann dann in Reinheit Einzug halten. Und je reiner der Körper ist, umso klarer arbeiten die Antennen und somit die Wahrnehmung!

Rufus

Schließe nun ein Thema ab, das Dich schon lange beschäftigt. Es ist an der Zeit, es in die Vollkommenheit der Liebe zu transformieren. Stelle Dir vor, wie ein Thema oder eine Situation sowie das damit aufkommende Gefühl komplett in der silbernen Lichtkugel zusammenkommen. Bleibe nun in diesem Gefühl, bis Du ganz in Dir ruhst und Dir das Thema, das Gefühl, mit all seinen Facetten aus einer distanzierten Perspektive ansehen kannst. Bitte das Lichtwesen Rufus um Hilfe, wenn es Dir schwerfällt, in Frieden zu kommen. Sobald Du ganz bei Dir bist, stelle Dir nun vor, wie alle Gefühle und Resonanzen zu diesem Thema in die dunkle violette Lichtkugel übertragen werden und sich über die Welle des Lichtes in das Universum transformieren. Bleibe so lange in Stille, wie es sich für Dich stimmig anfühlt. So sei es.

Code Atlantis

Dieser Code ist zuständig für die Heilung von Wunden und Verletzungen aus dem jetzigen Leben, damit Du diese in Dankbarkeit abschließen und selbst frei werden kannst.

Beispiel: Wunden von Missbrauch, seelischer Grausamkeit, Verlust eines lieben Menschen, Wunden aus der Kindheit, der Erziehung oder ganz allgemein seelische Wunden, die Dir auf Deinem bisherigen Weg zugefügt wurden. Danke jedem, der Dir etwas Schlechtes will, Dich respektlos behandelt oder von dem Du Dich beleidigt, gekränkt oder ausgenutzt fühlst, der Dich zutiefst enttäuscht hat, egal wann in Deinem Leben. JETZT ist der Zeitpunkt, um ganz damit abzuschließen und in die Heilung zu gehen. Heile die Resonanzen in Dir. Siehe Power-Ho'oponopono (S. 84) und arbeite zusätzlich mit diesem Code. All diese Arbeiten sind essenziell, um Deine Medialität sprießen und sich entwickeln zu lassen.

Erzengel Sandalphon
Hier zuständig für die Dualität

Rufe ihn, damit er Dir hilft, die Dualität in Vollkommenheit in Dir anzunehmen. Die weibliche und männliche Kraft in Dir.

Liebe die Dunkelheit wie das Licht. Vereine auch Hell und Dunkel in Dir. Nimm die dunklen Anteile an, die in diesem Leben zu Dir gehören sollen. Alle anderen Anteile der Dunkelheit dürfen nun gehen, sich von Dir verabschieden. Hier empfehle ich den Einsatz von Sandalphon, zusammen mit den Energien Light flow + Light flow harmony und dem Macht-Symbol. Erst als ich die dunklen Anteile in mir umarmt und sie begrüßt habe, wurden meine wahren Kraftpotenziale geöffnet.

Light flow + Light flow harmony

Anzuwenden wie in den anderen Kategorien beschrieben.

Hier in der Medialität kannst Du Dir vorstellen, wie der Lichtbaum Dich wieder mit Deinen Ursprüngen verbindet, und alles aus Deinem System,

Deinen Zellen, Deinem Körper, Deinem Geist und Deiner Seele transformiert, was Dich von Deinem Kraftpotenzial abhält, von den Gaben und Fähigkeiten, die in diesem Leben wieder gelebt werden dürfen. Beide Lichtsprachezeichen auflegen, die Muster benennen oder sich intuitiv darauf einlassen und einfach tun. Sich vorstellen, wie die Programmierungen und hinterlegten Dinge sich aus Körper, Geist und Seele verabschieden – ganz sanft auf diesen Lichtwellen aus Deiner Resonanz getragen werden.

M.A.C.H.T

M Erfolg, Reichtum, Fülle
A Bedingungslose Liebe, Demut, Diener sein
C Entwicklung/Aufbruch, Entfaltung der Gaben und Fähigkeiten
H Symbolisiert die Schöpferkraft/Herzkraft und die Heimat in Dir
T Übe Deine Macht aus – TUE ES!

Als ich diese Übersetzung von meinem Geistführer bekam, fragte er mich im gleichen Atemzug: „Wie kann man vor diesem WORT, dieser Energie, ANGST haben?" Denn viele scheuen sich vor dem Wort Macht. Macht haben, Macht ausüben, machtvoll sein und seine Macht annehmen und leben. Ich wollte das lange auch nicht, habe immer wieder Umschreibungen für dieses Wort gesucht, wie „die eigene Größe annehmen und leben" usw..

Heute bin ich in meiner Macht, und es ist ebenfalls ein großer Schritt in Richtung Freiheit gewesen. Ein befreiender Schritt, endlich meine Macht anzunehmen und zu leben. Und einfach schön. Dass dieses Wort so verpönt ist, gerade unter Energetikern, Medien und Heilern, hat für mich folgenden Grund: Es wurde ganz gezielt mit einer manipulativen und angstauslösenden Energie hinterlegt, um das gemeine Volk zu bremsen und es klein zu halten. Von wem auch immer das so in das System übertragen wurde und wird, wie vieles andere auch. Aber darauf möchte ich hier nicht näher eingehen.

Nimm Du Deine Macht an – dieses Zeichen wird Dir dabei helfen und Deine Potenziale in allen Bereichen öffnen oder intensivieren. Aus Erfahrung kann ich authentisch sagen: So mancher Heiler und Energetiker ist nach Aktivierung und Umgang mit dem Macht-Zeichen so richtig in seine Kraft gekommen. Ungeahnte Potenziale haben sich gezeigt.

Saint Germain
Das wachende Auge
Da wo Licht ist, ist auch Schatten

Und aus eigener Erfahrung kann ich sagen:
Je heller ich zu strahlen begann, umso mehr Energien, Seelen und Wesen, die sich von dem Strahlen des Lichtes angezogen fühlten, kreisten um mein Licht. Das ist Dualität. So wurde es mich gelehrt, und sie wird auch auf dieser

Erde bleiben.

Ich habe viel gelernt durch die Begegnungen mit den Schattenbereichen. Ich durfte anfänglich die dunklen Gestalten und dunklen Engel sehen. Ich hatte auch Ängste und wusste nicht, wie ich mit meinen Ängsten und den dunklen Wesen umgehen soll. Doch durch mein größer wachsendes Vertrauen in meinen Weg, in Gott und in das Gebet bin ich immer stärker geworden.

Ich habe in mir geruht und kann heute sagen, dass Robert und ich nach Jahren der Erfahrungen mit der Dunkelheit schier unantastbar werden durften. Wir haben von der lichten Seite eine Möglichkeit nach der anderen bekommen, um immer in Liebe und ohne Kampf weitergehen zu können. Einige dieser Möglichkeiten sind in diesem Buch vorgestellt.

Ein sehr treuer Begleiter war und ist Saint Germain. Er steht von Anfang an an der Seite meines Mannes. Im ersten Jahr unserer Öffnung hat er sich als „Theo" vorgestellt, als ein alter Freund aus vielen vergangenen Leben. Er hat Robert Bilder gezeigt, wie sie zusammen durch die Lande gezogen sind und geheilt haben. Robert hat einen sehr vertrauten und engen Kontakt zu ihm aufgebaut, bis er ihm nach etwa einem Jahr mitteilte, wer er wirklich ist. Robert hört und sieht ihn. Saint Germain ist derjenige, der meinen Mann in die Klarheit geführt hat und ihm die Worte auf den Seminaren, Kongressen und in allen Arbeiten gibt. Die Informationen, die er von Saint Germain bekommt, sind immer auf den Punkt genau. Egal ob aus dem Karmischen, dem Jetzt oder der Zukunft.

Für Dich: Rufe Saint Germain und bitte ihn, über Dich und Deinen Weg zu wachen. Dich zu führen und Dir zu helfen, wann immer Du Hilfe brauchst. Insbesondere wenn sich die Schattenseiten zeigen, da Dein Licht durch das Wirken mit diesen Symbolen immer heller scheinen wird! Saint Germain wird Dir zur Seite stehen und Dir Klarheit über Deine Medialität und Sensitivität geben.

Heilung, Heilzeichen

Zu den Heilzeichen ist Folgendes zu sagen:

Ich durfte die in diesem Bereich aufgeführten Zeichen auf die Harmonisierung und Heilung von spezifischen Krankheiten programmieren und ausrichten.

Zusätzlich zu den weiter unten beschriebenen Vorgehensweisen ist es hilfreich, die Zeichen über den Tag bei sich zu tragen, sie gedanklich in Dein Essen und Deine Getränke einzuschwingen. Und lege Dir Deinen Genesungs- oder Heilungswunsch unter den Obelisken.

Höre Dir – während Deiner Mediation oder während der Arbeit mit den Zeichen – eine von mir gesprochene (Heil-) Meditation an. Meine Stimme unterstützt zusätzlich den Heilungsprozess. Das ist ein Kann, kein Muss!!

Versuche nicht zu verstehen, warum die einzelnen Zeichen in diesem Buch so viele unterschiedliche Anwendungsbereiche haben können. Ich habe schon lange aufgehört, dies zu hinterfragen. Gehe einfach ins Vertrauen, denn ich könnte Dir noch unzählige weitere Möglichkeiten aufzählen. Was heißt das für Dich? Lass das Buch und die Kraft der Symbole mit Dir mitwachsen und tue, was auch immer als Herzimpuls kommt!

Die Übermittlung, welche Krankheiten ich in diesem Buch aufführen soll, kam von Erzengel Michael.

Ich bin keine Ärztin oder Therapeutin, und mein Wirken ersetzt in keiner Weise den Besuch eines Facharztes oder Therapeuten! Die Energien können begleitend zu jeder ärztlichen Behandlung jederzeit eingesetzt werden!

Der Obelisk
Ein Allrounder. Siehe Beschreibung Obelisk auf Seite 80.

Es ist zu empfehlen, täglich vor dem Frühstück oder der ersten Tasse Kaffee oder Tee den Obelisken mit einem schönen Lied, einem kurzen Gebet und einem Aktivieren all dessen, was unter dem Obelisken liegt, zu begrüßen. Viele Wüsche von Anwendern sind schon in Erfüllung gegangen. Wünsche, die aus dem Herzen kommen.

Code Malek
Harmonisierung Migräne

Anwendung:
Code Malek kombiniert mit * Light flow + Light flow harmony, * dem Code Entstörung, * Erzengel Michael und * der Mayasonne um Dich herumlegen oder auflegen. Gehe in die Ruhe, mache alles so, wie es im Umgang bei den einzelnen Zeichen beschrieben ist. Aktiviere sie und meditiere damit. Eine Woche lang – jeden Tag etwa 15 bis 30 Minuten, der Zeitpunkt ist frei wählbar.

Code Atlantis
Harmonisierung Heuschnupfen

Anwendung:

Code Atlantis kombiniert mit * der schwarzen Sonne, * dem Code Entstörung, * der Mayasonne und * Erzengel Zadkiel um Dich herumlegen oder auflegen. Gehe in die Ruhe, mache alles so, wie es im Umgang bei den einzelnen Zeichen beschrieben ist. Aktiviere sie und meditiere damit. Eine Woche lang – jeden Tag etwa 15 bis 30 Minuten vor dem Frühstück.

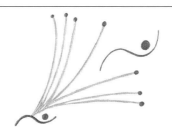

Code Laurus
Harmonisierung von Beckenschiefständen, Begradigungen von Wirbelsäulen, Rückenprobleme im Allgemeinen

Anwendung:

Code Laurus kombiniert mit * der schwarzen Sonne, * dem Code Entstörung, * der Mayasonne, * Jesus Christus und * Erzengel Metatron verwenden. Gehe in die Ruhe, lege Dich mit dem Rücken auf die Zeichen, aktiviere sie und meditiere damit. Eine Woche lang – jeden Tag, so oft Du das Bedürfnis hast. Jedoch täglich für mindestens 30 Minuten.

Code Litius
Harmonisierung von Geschwüren, Tumoren, Gallensteinen, Hämorrhoiden, generell von Krankheiten der inneren Organe

Anwendung:
Code Litius kombiniert mit der * schwarzen Sonne, * Light flow + Light flow harmony, dem * Code Entstörung, * Erzengel Michael und * Mutter Maria um Dich herumlegen oder auflegen. Gehe in Ruhe, mache alles so, wie es im Umgang bei den einzelnen Zeichen beschrieben ist. Aktiviere sie und meditiere damit. Eine Woche lang – jeden Tag, so oft Du das Bedürfnis hast. Jedoch täglich für mindestens 30 Minuten.

Code Maris
Harmonisierung von Bluthochdruck

Anwendung:
Code Maris kombiniert mit * Erzengel Chamuel, dem * Code Entstörung, der * Flamme des Heiligen Geistes und * Erzengel Gabriel um Dich herumlegen oder auflegen. Gehe in die Ruhe, mache alles so, wie es im Umgang bei den einzelnen Zeichen beschrieben ist. Aktiviere sie und meditiere damit. Zwei Wochen lang – jeweils am Morgen und am Abend.

Code Meister Chion
Harmonisierung von Allergien aller Art

Anwendung:
Meister Chion kombiniert mit der * schwarzen Sonne, * dem Code Entstörung, * Engel der Selbstheilungskräfte, * Erzengel Michael und * Light flow + * Light flow harmony um Dich herumlegen oder auflegen. Gehe in die Ruhe, mache alles so, wie es im Umgang bei den einzelnen Zeichen beschrieben ist. Aktiviere sie und meditiere damit. Eine Woche lang – jeweils am Morgen und am Abend.

Code Petrus
Harmonisierung von Krebskrankheiten aller Art

Anwendung:
Code Petrus kombiniert mit der * schwarzen Sonne, dem * Code Entstörung, dem * Macht-Zeichen, dem * Herzöffnungsenergiefeld, * Erzengel Gabriel und * Erzengel Michael um Dich herumlegen oder auflegen. Gehe in die Ruhe, mache alles so, wie es im Umgang bei den einzelnen Zeichen beschrieben ist. Aktiviere sie und meditiere damit.
Vier Wochen lang – so oft Du kannst.

Code Sirius
Harmonisierung von Hautkrankheiten, Psoriasis,
Neurodermitis, Ausschlägen usw.

Anwendung:
Code Sirius kombiniert mit dem * Code Entstörung, der * schwarzen Sonne, * Light flow + Light flow harmony und * Erzengel Chamuel in unsere Silenos-Creme „Harmony" einschwingen. Wie? Die Silenos ®-Creme auf die Zeichen

stellen, die Zeichen aktivieren und um die Übertragung dieser Heilenergien in die Creme bitten. Jeden Tag die betroffenen Hautstellen zweimal eincremen. Zusätzlich mit den Zeichen meditieren. So lange, bis die Haut frei ist von Irritationen.

Silenos ® – ein Geschenk der Natur
Mehr dazu auf der Website: www.silenos.de

Code Entstörung

In diesem Bereich kann der Code als Schock-Auflöser, Notfallzeichen oder Erste-Hilfe-Zeichen eingesetzt werden.
Bei plötzlichen Verletzungen (körperlicher oder seelischer Art) oder Ereignissen, die den Menschen in eine Starre versetzen, den Energiefluss unterbrechen und eine Art Blackout hervorrufen. Die Betroffenen „vergessen" dann einfach alles, was sie für sich tun können, inklusive der Möglichkeiten der in diesem Buch vorgestellten Zeichen. Sie sind wie gelähmt.

Beispiele:
Eine plötzliche Kündigung, ein unangenehmer Telefonanruf, eine schlechte Nachricht (Todesfall, schlimme Verletzungen), eine „schlimme" Diagnose,

stark blutende Wunden, Beteiligter oder Zeuge bei einem Unfall sein. In solchen Situationen hilft der Code Entstörung, aus der ersten Starre herauszukommen, wieder zu sich und ins Fließen zu kommen und dann die nächsten Schritte tun zu können.

Man kann sich bildlich vorstellen, wie sich das Zeichen wie ein Stabmixer durch die Situation oder durch das Thema „durchackert" und erst einmal alles, was stört, wörtlich „weg haut". Das wirkt befreiend. Nach dem Einsatz dieses Zeichens immer den Code Harmony als Letztes aktivieren, damit sich alles so harmonisiert und fügt, wie es göttlich vorgesehen ist.

Hast Du Beschwerden, die hier nicht aufgeführt sind? Dann stelle Dir eine individuelle „Energiemischung" zusammen. Gehe dabei folgendermaßen vor: Zelebriere dieses Ritual ganz bewusst. Zünde Dir Kerzen an, nimm Dir Zeit und Raum, mit leiser (Meditations-)Musik im Hintergrund oder auch in Stille. Nimm aus den Symbolkarten folgende Codierungen heraus und lege sie zur Seite: * Sirius, * Malek, * Petrus, * Chion, * Maris, * Litius, * Laurus und * Atlantis. Ebenso das * Aktivierungsenergiefeld, den * Obelis. ken, den * Zielbogen und – wenn Du für erwachsene Personen wirkst –, die Kindersymbole. Wenn Du für Dein Kind wirkst, dann lass die Kindersymbole im Set. Dann suche Dir aus den verbliebenen Karten * die Mayasonne und den * Code Entstörung heraus. Diese beiden Zeichen werden in Bezug auf Heilung immer verwendet und aktiviert, wenn Du Dir eine individuelle Mischung zusammenstellst. Dann sortiere die Symbolkarten und mache je einen Stapel für die Erzengel, einen Stapel für die Engel und einen Stapel für alle anderen Zeichen. Nun nimm den ersten Stapel, fächere die Karten vor Dir auf. Dann verfahre ebenso mit dem zweiten und dem dritten Stapel. Rufe nun alle Deine Engel und Deine geistige Führung und bitte darum, dass sie Dich jetzt so führen, wie es für Dich zum höchsten Wohle ist. Dann ziehe aus jedem aufgefächerten Stapel zwei Karten nach Deinem Gefühl.

Also:
- 2 Erzengel-Karten
- 2 Engel-Karten
- 2 von den restlichen Karten

So, und nun hast Du zusammen mit der Mayasonne und dem Code Entstörung acht Energiekarten. Frage nun Deine Engel, wie lange Du damit arbeiten sollst. Eine Woche, zwei Wochen oder länger. Höre auf Dein Gefühl, den ersten Impuls und aktiviere und meditiere täglich mit diesen Zeichen, so lange, wie es Dir Dein Gefühl sagt oder bis Heilung eingetreten ist. Vertraue Dir und Deiner Führung.

Kapitel 3:
Übersicht der Symbole

Tagesenergien

Du kannst Dir jeden Tag eine Karte, ein Symbol ziehen, welches Dich dann durch den Tag begleitet. Sei Dir sicher und vertraue, dass die Energie des Symbols genau die ist, die Du im Jetzt brauchst.

Hier eine kurze Beschreibung der unterschiedlichen Kategorien, der unterschiedlichen Zeichenzuordnungen, so wie sie mir übermittelt wurden. Manche Energien aus den verschiedenen Kategorien haben zwar immer wieder ähnliche Beschreibungen, aber in ihrer Energie und Wirkungsweise sind sie doch nicht miteinander zu vergleichen.

Kategorien

Weiße Bruderschaft

Zur Bruderschaft wurde ich geführt, kurz bevor ich die „Tage der Medialität" ins Leben gerufen habe. Denn die Energien der Bruderschaft sind pure Katalysatoren für die Erhöhung oder Öffnung der Meisterschaft in Dir. Erzengel Metatron führte mich in die Ebene der weißen Bruder- und Schwesternschaft ein und wies mir einen Platz zu. Dadurch wurde mir plötzlich klar, warum ich die Menschen so schnell in ihrer Energie anheben kann. Es ist mir einfach gegeben worden und gehört zu einer meiner Aufgaben, die ich zu tun habe. Die Symbole der weißen Bruderschaft sind Deine Katalysatoren für alles, was an Schöpferkraft in Dir steckt!

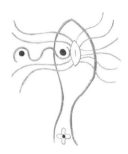

Das göttliche Auge

Dieses Zeichen erhöht Deine Wahrnehmungen in den Bereichen, die für Dich vorgesehen sind. Die Wahrnehmung des SEHENS

TAGESENERGIE:

Besinne Dich heute ganz besonders auf Deine göttliche Führung. Führe, ohne zu zögern, die Impulse aus, die sich heute zeigen. Lege Dir das göttliche Auge auf Dein Herz-Chakra auf und bitte um Führung und Leichtigkeit für Dein Sein.

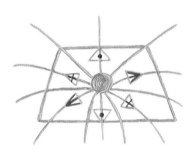

Master Code

Verbindung in den Zwölferrat der weißen Bruderschaft

TAGESENERGIE:

Nimm Deine Größe an! Lege Dir den Master-Code auf und fühle Dich aufgenommen in den Kreis der Meisterenergien. Der Einzige, der sich davon ausschließt und die Größe seines Seins nicht vollends zulässt, bist Du selbst!

Jesus Christ

Dieses Symbol setzt eine hohe Energie in Dir frei

Die Christus-Energie, die jeder in sich trägt. Denn wir haben das Göttliche in uns. Jeder von uns. So wurde es mich gelehrt. Es ist normal, mit der Christus-Energie wirken zu können und zu dürfen. Jedoch ist die Intensität bei jedem unterschiedlich. Viele Menschen verherrlichen jedoch diese Energie und siedeln sie so hoch an, dass sie sich letztendlich unwürdig fühlen oder diese Energie für sich nicht annehmen können – somit kann diese Christus-Energie in ihnen nicht freigesetzt werden. Das Gefühl des „Unwürdigseins" blockiert die Freisetzung. Die geistige Welt stellt uns all diese Werkzeuge und Energien im Vertrauen zur Verfügung. Christus stellt sich zur Verfügung, und ich bitte Dich in Dankbarkeit und Demut, einfach anzunehmen und zu tun, was kommen wird. Denn Deine Aufgaben werden sich zeigen, je mehr Du Deine Macht annimmst.

TAGESENERGIE:

Nimm das Christus-Licht in Dir auf und an. Lege Dir das göttliche Zeichen auf und meditiere damit, lange und ausgiebig. Spüre das Licht und die Liebe in Dir. Lade Jesus ein, in und mit Dir zu sein.

Opening
Türöffner zur Energie der weißen Bruderschaft

TAGESENERGIE:

Verbinde Dich mit diesem Symbol und somit mit den hohen Energien der weißen Bruderschaft. Jeder wird ganz individuell hier seine Erfahrungen und Wahrnehmungen haben.

Erzengel

Die Engel, wie ich sie kennengelernt habe. Ich habe ja anfänglich, wie Du weißt, nicht an Gott und die Engel geglaubt. Heute sind sie unsere ständigen Begleiter, was sie natürlich auch schon vor der Zeit der Öffnung waren, nur habe ich davon nichts wissen wollen und sie auch nicht wahrgenommen. Ich nehme sie mit offenen Augen wahr, nicht in der Gestalt eines Engels, wie man sie von Bildern her kennt, sondern als Lichterscheinungen. Vor kurzem hatte ich ein Erlebnis, eine Erscheinung, in der sich Erzengel Gabriel ganz deutlich zeigte. Dieses Erlebnis habe ich ausführlich am Ende dieses Buches beschrieben. Mit mir sprechen die Engel in einer ganz normalen Umgangssprache, als ob ich mich mit einem guten Freund oder einer Freundin unterhielte. Von Erzengel Michael habe ich erfahren: Die Engel brauchen uns Menschen als Kanal, um auf dieser Erde ihre Energie wirken lassen zu können.

Erzengel Metatron

Erzengel Metatron stellt die Verbindung in das göttliche Herz, zur göttlichen Quelle Deines Ursprungs her. Das göttliche Herz vermittelt Urvertrauen und hilft Dir, immer mehr zu Dir zu kommen!

TAGESENERGIE:

Gehe heute besonders bewusst und achtsam durch den Tag. Behandle die Menschen, denen Du heute begegnest, wie Du selbst behandelt werden möchtest. Mache jemandem ein Geschenk, ohne dabei im Außen glänzen zu wollen.

Das heißt: Du bezahlst z.B., wenn Dir der Sinn danach steht, einfach dem Auto, das hinter Dir in der McDonald's-Durchfahrt steht, die Rechnung. (Du bittest ganz einfach die Servicekraft am Ausgabefenster, den Betrag des Autos hinter Dir auf Deine Rechnung zu buchen.)
Einfach so. Von Herzen und weiterfahren.
Oder das Gleiche an einer Mautstation ... von Herzen.
Oder ich lasse in einem Lokal einen Zettel auf dem Tisch für die Bedienung liegen mit ein paar freundlichen Worten drauf. Was auch immer mir einfällt und gerade präsent ist.
Wichtig: Tue es von Herzen ... und um des Gebens Willens. Erwarte NICHTS.

Erzengel Uriel
Kraft, Ausdauer, Durchhaltevermögen, Leichtigkeit

TAGESENERGIE:

Ich bin der Wind in Deinen Segeln. Rufe mich, und wir nehmen gemeinsam Fahrt auf. So sei es.

Erzengel Sandalphon
Der Engel der Dualität

TAGESENERGIE:

Der Engel für das Weibliche und Männliche. Für alle Attribute, die damit in Zusammenhang stehen.

Rufe diesen Engel für den heutigen Tag und bitte ihn, das zu tun, was Du brauchst. So sei es.

Erzengel Zadkiel

Reinheit, Klarheit
Ursächliche Auflösung Karma
Abtrennung alter Seelenanteile
Transformation durch höchste Lichtfrequenzen

TAGESENERGIE:
Rufe Zadkiel und bitte ihn, für diesen Tag bei Dir zu sein.

Erzengel Raziel

Umbruch, Aufbruch, Neubeginn, wie Phönix aus der Asche

TAGESENERGIE:
Raziel ist der Engel, der Neues bringt. Ein Aufsteigen wie Phönix aus der Asche. Meditiere heute mit ihm, mindestens 30 Minuten lang. Leg Dir das Symbol auf Deinen Körper auf und lass es einfach wirken. Und dann schau, was er Dir Neues beschert, Dich vielleicht auf Neues hinweist oder welche Wege sich in den nächsten Tagen auftun.

Erzengel Gabriel

Er steht für die Entwicklung zur Vollkommenheit auf allen Ebenen. Dieser Kreis wirkt von innen nach außen. Wellenartig breitet sich die Kraft, die Energie dieses Symbols in Deinem Körper aus. Stück für Stück darf sich das lösen, was gerade ansteht, was Dir hilft, die nächsten Schritte zu gehen, auf dem Weg zu Dir!

TAGESENERGIE:
Er ist für mich der Verkünder wegweisender Botschaften und des Wortes Gottes. Nimm ihn freudig mit in Deinen Tag und bitte ihn, Dich zu führen, so wie es für Dich zum höchsten Wohle ist.

Erzengel Michael

Hellblau, Gelb, Rosa, Grün und Violett. Dieses Symbol ist als Schutz einzusetzen und um anhaftende Energien zu lösen. Doch hauptsächlich geht es darum, die eigene Größe und Macht anzunehmen! Dieses Symbol wird Dir dabei helfen. Als erstes ist zu erwähnen: Schwerter zu besitzen bedeutet nicht, damit in den Kampf ziehen!

TAGESENERGIE:
Suche Dir für den heutigen Tag ein Schwert aus und wirke damit. So sei es.

Erzengel Raphael

Verstärkung und Intensivierung der göttlichen Heilkraft in Dir – für Dich!
Entwicklung – Aufbruch – Entfaltung Deiner Gaben und Fähigkeiten
Medialität, Hellsichtigkeit, Hellfühligkeit, Hellhörigkeit

TAGESENERGIE:
Er ist für mich der Engel der Medialität und der Heilkräfte.
Er steht Dir heute mit Freude zur Verfügung. Lass Deinen Herzenswünschen
freien Lauf. Verbinde Dich über das Zeichen mit ihm.

Erzengel Chamuel

Entwicklung und Intensivierung von Neutralität und bedingungsloser
Liebe. Steht für Demut – Diener sein. Demut ist der Mut, dem Worte Gottes
zu folgen und zu dienen.

TAGESENERGIE:
Sei mutig und folge Deiner inneren Stimme. Ich werde Dich begleiten, wann
immer Du mich rufst. DEMUT ist der Mut, der inneren Stimme oder dem
Worte Gottes zu folgen.

Engel und Schutzengel

Engel der Energieanhebung

Ein Engel, den ich täglich einsetze, immer wieder über den Tag verteilt, in den unterschiedlichsten Situationen. Die eigene Schwingung erhöhen und anheben, dieses Symbol nutze ich auch vor meinen Arbeiten. Um meine Schwingung und die meines Gegenübers zu erhöhen, für Aurasichtigkeit, für Gaben und Fähigkeiten, damit mein Gegenüber in der Energieübertragung besser fühlen und spüren kann, was geschieht! Für manche ist das wichtig, um für sich einen „Beweis" zu bekommen.

TAGESENERGIE:
Raus aus dem alten Trott. Verändere Deine Gewohnheiten im Kleinen wie im Großen.

Engel für Schutz und Urvertrauen

Schutz, Stärkung des Urvertrauens. Dieser Engel hilft, sich aus Situationen und Energien schnell „herauszunehmen", unbeteiligt zu werden, um diese in Ruhe reinigen und transformieren zu können. Oder einfach mal nichts wahrnehmen müssen ... für die Dauer der Aktivierung. Allerdings nur, wenn es sein darf. Wenn ich etwas wahrnehmen oder ich aus Situationen lernen musste, wirkte dieses Zeichen einfach nicht.

TAGESENERGIE:
Rufe mich und hülle Dich heute ganz in meinen Schutz ein.

Engel des freien Flusses
Aktivierung und Intensivierung der körpereigenen Heilkräfte. Öffnung und Intensivierung der eigenen Energie- und Heilzentren. Der innere Fluss kommt in Bewegung

TAGESENERGIE:
Lade den Engel ein, Dich heute den ganzen Tag zu begleiten.
Lege Dir das Symbol, die Verbindung zu diesem Engel auf, gehe in die Ruhe und bitte ihn, dass er das für Dich tut, was Du jetzt brauchst. Was zu Deinem

höchsten Wohle ist. Es geschieht immer das, was im JETZT für Dich wichtig und im göttlichen Plan für Dich vorgesehen ist.

Engel für Ausgeglichenheit
In jeglichen emotionalen Situationen sehr gut einsetzbar.
Sei es bei Wut, Angst oder Überforderung usw.

TAGESENERGIE:
Überprüfe Dich in Deiner Neutralität und übe Dich darin. Jeden Tag. Löse Dich Schritt für Schritt von Bewertungen. Dieser Engel hilft Dir dabei.

Engel der Selbstheilungskräfte

Dieser Engel verstärkt Deine, Heilenergie und die, die Du an andere weitergeben darfst. Öffnung und Weitung Deines Bewusstseins, um immer mehr Intensität in Deine Arbeit fließen zu lassen, fließen lassen zu können. Man kann sich das so vorstellen, dass Dein irdischer Körper Schritt für Schritt vorbereitet wird, um das größtmögliche Potenzial auszuschöpfen.

Aus eigener Erfahrung kann ich sagen, dass sich der irdische Körper langsam daran gewöhnen muss, die unterschiedlichsten Energien durch sich fließen lassen zu können. Und mit Verwendung all dieser Symbole wird die Intensität immer größer werden dürfen, so wie es die geistige Welt für Dich vorgesehen hat.

TAGESENERGIE:

Begrüße diesen Engel mit einer Meditation Deiner Wahl. Lege dazu das Symbol auf und atme anfänglich zwölfmal tief in Dein Herz-Chakra ein. Stelle Dir vor, Du atmest das Symbol, die Energie dieses Engels in Dein Herz-Chakra ein und sie verteilt sich dadurch in Deinem ganzen Körper. So sei es.

Engel der Transformation
Ein ausschließlich zum Transformieren einsetzbares Symbol.

TAGESENERGIE:

Die nächste Energie-Ebene will erreicht werden. Gehe weiter und lasse die natürliche Fließgeschwindigkeit zu.

Engel für körperliche Reinigung und Entschlackung

Entgiftung, Entschlackung... Anzuwenden für alle Arten von Reinigungen, irdisch wie energetisch. Schwinge Dir dieses Zeichen zur Unterstützung doch mal in Deinen Entschlackungstee ein.

Achtung: Immer daran denken, dieses Zeichen bzw. die Energie in der Dosierung und der Wirkungskraft an Dein System anzupassen. So wie es für Dich zum höchsten Wohle ist.

TAGESENERGIE:
Selbstliebe – Wie steht es um Deine Selbstliebe?

Die Wertschätzung für Dich und Deinen Körper? Wie sieht Dein inneres Haus aus? Gepflegt und sauber? Wenn Du dieses Symbol ziehst, solltest Du Dir an diesem Tag etwas Gesundes kochen und ganz bewusst auf Deine Ernährung achten. Vielleicht ist es auch ein guter Zeitpunkt, darüber nachzudenken, eine homöopathisch geführte Reinigung durchzuführen. Informiere Dich und beginne in den nächsten Tagen.

Engel des Friedens
Beschrieben in der Rubrik „Kinder"

TAGESENERGIE:

Heute ist ein guter Tag für Vergebungsarbeit. Nach dem Ho'oponopono-Prinzip oder mit Hilfe dieses Zeichens. Es bringt Harmonie.

Dein Schutzengel

TAGESENERGIE:

Wir brauchen uns. Glaube bitte an mich! Ich bin bei Dir in jedem Moment Deines Lebens. Lege Dir die Schwingen Deines Schutzengels auf und fühle einfach. Fühle ihn, fühle Dich, fühle Eure Einheit.

Lichtsprache / Sternenvölker

Die Lichtsprache ist eine sehr „leichte" und fließende Energie. Ich habe sie über den Kontakt mit den Sirianern bekommen. Was ist für mich das Besondere an der Lichtsprache?

Ich werde immer intensiver in der Kommunikation mit der Lichtsprache geschult, da diese Energie für die Kinder der Neuen Zeit wichtig ist. Die von mir „Sternenkinder" Genannten erreiche ich durch die Lichtsprache ganz leicht, denn so, wie es mir übermittelt wird, sind die Kinder, die ab dem Jahr 2000 geboren wurden, allesamt Sternenkinder. Eine neue Generation von Lichtenergie wächst heran, und immer mehr Kinder erhalten sich die Gabe ihrer Sensitivität, trotz der Schule und den geprägten irdischen Systemen. Immer öfter kommen Eltern auf uns zu, die sich keinen Rat mehr wissen, weil ihre Kinder „anders" sind und kein Arzt oder Therapeut helfen kann. Wie auch? Diese Kinder wissen ja meist selbst nicht, was mit ihnen los ist. Sie suchen sich „Kanäle" zum Ausgleich ihrer überschüssigen Energie und ihrer oft sehr klaren Wahrnehmungen, die sie zum Teil überfordern. Das kann über Wutausbrüche, Aggressionen, Außenseitertum bis hin zu Alkohol- und Drogenmissbrauch führen. Auch die sogenannten ADHS-Kinder sind meist ganz leicht in ihre Ausgeglichenheit zu führen – wenn man weiß, wie! Manchmal hilft schon ein Symbol, eine Energie, die ich in einen Holzengel einschwinge und per Post schicke, um in die Erleichterung zu kommen. Doch das ist nur der Anfang. Man MUSS dranbleiben, wenn man seinem Kind helfen will. Ich sehe das an meinen beiden Jungs (acht und zehn Jahre). Sie wachsen in ihrer Spiritualität stetig und schnell! Immens schnell!

Danach haben die Eltern zu entscheiden. Wir bieten immer mehr für Kinder und auch für die Eltern solch sensitiver Kinder an. Es ist wichtig, dass auch die Eltern verstehen, was in ihren Kindern vorgeht, damit sie sie auf ihrem Weg unterstützen können.

Light Flow I – *Wurzeln des Lichtes und*
Light Flow II – *Harmonisierung der Transformationsarbeit*

Diese beiden Energien sind programmiert zur Auflösung von Karma und Lösungsarbeit im Allgemeinen

Bitte immer beide Zeichen zusammen verwenden!

Light Flow, die Wurzeln des Lichtes, haben eine intensive Auflösungsenergie bis hin zu den Ursprüngen Deines Seins. An den Wurzeln ansetzen … Muster auflösen, aus Körper, Geist und Seele, aus allen Zellen, in denen sie gespeichert und hinterlegt sind – ungeachtet des Raumes und der Zeit, wann und wie oft auch immer sich diese speziellen Muster ausgebildet haben. In Täter- wie in Opferrollen. Die Lichtsprachezeichen auflegen, die Muster benennen oder sich intuitiv drauf einlassen und einfach tun. Sich vorstellen, wie die Programmierungen und hinterlegten Dinge sich aus Körper, Geist und Seele verabschieden – ganz sanft auf diesen Licht-Wellen aus Deiner Resonanz getragen werden. Light flow Harmony zum Abschluss jeder Arbeit zur Harmonisierung aktivieren! Wenn ich von Aktivieren spreche, dann heißt das, Du sollst Dich mit dem Symbol verbinden, um Verbindung zu den Engeln bitten und dass sich in Dir die Kraft des Symbols in der Intensität entfaltet, wie es nun für Dich und alle Beteiligten sein soll.

TAGESENERGIE:
Reinigung auf allen Ebenen. Körper, Geist und Seele. Strebe Klarheit und Reinheit in allen Bereichen Deines Lebens an. In Gedanken, Worten und Taten. Gehe in Dich und überprüfe Dich liebevoll. Nutze dazu die

Lichtsprachesymbole „Light Flow I" + „Light Flow II". Nimm Dir einen Moment der Ruhe, der Meditation oder mache einen Spaziergang, aktiviere die Symboliken in Dir und nimm wahr, wohin sie Dich führen. Welche Themen Dir als Erstes gezeigt werden, in Gedanken, Gefühlen oder in inneren Bildern. Übergib diese den Wurzeln des Lichtes und bitte um Transformation und Lösung in Dir. Zum Abschluss aktiviere die Harmonisierung Light Flow II.

Code Laurus
Ein spezielles Heilzeichen
(siehe Heilung und Harmonisierung Seite 177)

TAGESENERGIE:

Es zeigen sich Fehlprogrammierungen in Deinem System, die gelöst werden wollen. Programme, Manipulationen, Verwünschungen in Täter- wie in Opferrollen und vieles aus dem Karma. Diese Energien oder Muster wirken sich stark auf Dein Gemüt aus und bremsen somit den freien Fluss, bremsen Dich und Deine Entwicklung. Lege Dir dieses Symbol auf und stelle Dir vor, dass sich das löst, was heute gehen darf. Das Symbol kehrt wie ein energetischer Besen durch Dein System und zieht wie ein Magnet das an, was weg darf. In Leichtigkeit. Du brauchst Dich nicht um die Transformation und Lösung zu kümmern – es geschieht einfach.

Lexus

Diese Lichtcodierung lässt ungeahnte Möglichkeiten zu.
Aktiviere sie in Bezug auf Deine Visionen und Träume und gib diese frei.

TAGESENERGIE:

Lass Deine Visionen frei. Auch wenn Dir bis heute nicht bewusst war, dass Du Visionen in Dir hast, sie zeigen sich jetzt. Sie wollen gelebt werden. Egal, wie verrückt Deine Ideen und Vorstellungen sind, übergib sie heute dem Universum und vertraue Dir und Deinen Wahrnehmungen. Stelle Dir vor, wie Du eine oder mehrere Deiner Visionen in die kleine silberne Kugel mittig der blauen Kugel gibst und sie über die Wellen des Lichtes zu den Sternen getragen werden. So sei es.

Rufus

Ein runder Abschluss

TAGESENERGIE:

Schließe ein Thema ab, das Dich schon lange beschäftigt. Es ist an der Zeit, es in die Vollkommenheit der Liebe zu transformieren. Stelle Dir vor, wie ein

Thema oder eine Situation sowie das damit aufkommende Gefühl komplett in der silbernen Lichtkugel zusammenkommen. Bleibe nun in diesem Gefühl, bis Du ganz in Dir ruhst und Dir das Thema, das Gefühl, mit all seinen Facetten aus einer distanzierten Perspektive ansehen kannst. Bitte das Lichtwesen Rufus um Hilfe, wenn es Dir schwerfällt, in Frieden zu kommen. Sobald Du ganz bei Dir bist, stelle Dir nun vor, wie alle Gefühle und Resonanzen zu diesem Thema in die dunkle violette Lichtkugel übertragen werden und sich über die Welle des Lichtes in das Universum transformieren. Bleibe so lange in Ruhe, wie es sich für Dich stimmig anfühlt. So sei es.

Code Litius

Er steht für die Reinigung von Verbindungen und Situationen. Er kann für partnerschaftliche, freundschaftliche, familiäre, schulische, berufliche und für geschäftliche Verbindungen und Situationen eingesetzt werden. Überall wo es holpert und hakt, Du Dich nicht wohl mit der Situation fühlst, es Ärger und Disharmonien gibt. Reinige diesen individuellen Zustand und bitte um göttliche Ordnung, indem Du diesen Code aktivierst und die Situation wie mit Licht durchkämmst. Es wird sich das fügen, was vorgesehen ist. Versuche, das Ergebnis nicht beeinflussen zu wollen.

TAGESENERGIE:
Der heutige Tag könnte turbulent werden. Aktiviere die Energie dieses Sternenvolkes, um leicht durch den Tag zu kommen.

Landos
Entscheidungen bestärken und beschleunigen

Diese Lichtcodierung aus der Lichtsprache steht für Klarheit und Entscheidungen. Wende diese Lichtcodierung an, wenn Unklarheiten aufkommen, um Entscheidungen zu beschleunigen oder Dir aufzeigen zu lassen, welche Entscheidung Du treffen sollst. Das kann im Großen wie im Kleinen sein. Unklarheit darüber, wie es in der Partnerschaft oder Ehe weitergehen soll und kann. Unklarheit darüber, welchen schulischen Weg das Kind einschlagen soll oder welcher schulische Weg zum höchsten Wohle des Kindes ist. Unklarheit in finanziellen Belangen, Entscheidungen über die Mitarbeiterauswahl, die Vertragsgestaltung, die Berufswahl, darüber, ob dem Chef etwas mitzuteilen ist oder nicht, Investitionsfragen usw.. Du siehst, dieser Code ist für alles anwendbar. Er bringt Klarheit und die Fähigkeit, Entscheidungen zu treffen. Wie auch immer diese dann aussehen mögen. Es muss nicht so sein, wie Du Dir das mit Deinem Verstand vorgestellt hast. Die geistige Welt klärt in göttlicher Ordnung. Oft versteht man erst Wochen oder Monate später, warum manches so war, wie es war. Vertraue, dass das geschieht, was für Dich und Deine Umgebung zum höchsten Wohle vorgesehen ist.

TAGESENERGIE:
Alles, was Du heute tust, entscheidest oder neu beginnst, wird erfolgreich sein. Aktiviere über den ganzen Tag immer wieder dieses Zeichen, in jedem Gespräch, in geschäftlichen Terminen, Entscheidungen oder Verträgen. Genauso auch in privaten Entscheidungen, Situationen oder Veränderungen.

Kundalini I + Kundalini II

Mit diesen beiden Zeichen kannst Du die Kundalini-Kraft in Dir erwecken. Ohne eine zweite Person, die das in Dir auslöst.

Es bedarf keines Heilers oder Energetikers, denn es ist in Dir, und wenn der Zeitpunkt des Erwachens dieser heiligen Kraft und des damit verbundenen göttlichen Wissens gekommen ist, dann wird es geschehen. Das kann man nicht steuern. Bei mir kam sie eines Tages einfach so ... ohne vorherige Meditation oder Ähnliches. Ich hatte urplötzlich einen stechenden Schmerz im unteren Rückenbereich und ging zu Boden. Es war wirklich unangenehm, und die ersten Stunden dachte ich, ich hätte einen Bandscheibenvorfall. Ich ging nicht zum Arzt, da ich die Information bekam, es sei die Kraft Gottes, die sich in mir entfalte. Ich konnte mich nicht sonderlich freuen, denn die Schmerzen waren heftig. Es dauerte zwei Tage. Und in diesen zwei Tagen konnte ich nur liegen.

Bei anderen nahm ich die Entfaltung der Kundalini nicht so extrem wahr, nur bei meinem Mann, da war es ähnlich schlimm. Bei ihm wurde es ausgelöst durch die Symbole. Die meisten hatten ein kurzes Ziehen, ein Rütteln oder Schütteln im Körper, Hitzewallungen oder nahmen besondere Gerüche wahr usw..

Vertraue Deiner Führung und erwarte nichts. Meditiere mit beiden Zeichen, am besten mit einer geführten Meditation (CD) von mir. Das kann auch die Herzkraftverbindung auf der CD sein, die es zum M.A.C.H.T - Buch gibt. Der

Klang meiner Stimme ist dabei wichtig. Lege Dir das Symbol Kundalini I auf das Ende Deines Rumpfes auf und die Kundalini II auf Dein Wurzel-Chakra. Meditiere mindestens 30 Minuten und lasse einfach nur geschehen, ohne zu kontrollieren oder zu steuern. In Seminaren oder über Internet-TV biete ich an, diese Energien unter meiner Führung zu aktivieren. Doch folge Deinem Impuls und vertraue Dir. Bitte die Engel, dass es in der Kraft und Stärke für Dich geschieht, wie es zu Deinem höchsten Wohle ist und sich die Energie der Kundalini in den Bereichen Deines Seins entfaltet, wie es göttlich für Dich vorgesehen ist. So sei es.

TAGESENERGIE:

Vertrauen

Meditiere mit der Kundalini I und II. Lege Dir die Kundalini I auf das Ende Deines Rumpfes auf und die Kundalini II auf Dein Wurzel-Chakra. Meditiere mindestens 30 Minuten und lasse einfach nur geschehen, ohne zu kontrollieren oder zu steuern.

Code Open Eye
Speziell zur dauerhaften Entwicklung und Öffnung des dritten Auges

TAGESENERGIE:

Übe Dich heute im Aurasehen. Du kannst es. Aktiviere vor jeder Übung dieses Zeichen und probiere es einfach.

Code Harmony
Ausgleich der Dualität in Dir ...
Schritt für Schritt in Harmonie kommen, mit lichten wie dunklen Anteilen in Dir.

TAGESENERGIE:

Egal, was heute ist – dieser Code wird Dich in völlige Harmonie mit Dir selbst bringen.

Hohe Kunst der Mayas

Ein Mayapriester ist immer an meiner Seite. Sein Name ist Nutuk. Die Energien der Mayas sind für mich gefühlt sehr majestätisch und manchmal auch „schwer"! „Schwer" in dem Sinne, dass sie sehr viel Aufmerksamkeit und Achtsamkeit im Umgang fordern und tief ins Unterbewusstsein eindringen. Hier ist Geduld und höchste Konzentration angesagt.

Die Mayas sind sehr fordernd. Wer direkt mit ihnen in Kontakt kommen darf, sie wahrnimmt und sieht, wird schnell merken und fühlen, was ich meine. Denjenigen, den sie sich auserkoren haben, fordern sie stetig auf, die hohe Kunst der Mayakultur zu erlernen.

Die hohe Kunst der Mayas besteht in der Telepathie, der Entmaterialisierung, der energetischen Chirurgie, dem Sehen in die Zukunft mit Hilfe bestimmter Techniken und vielem mehr.

Ausgenommen von der obigen Beschreibung sind die Zeichen „Moments" und „Mayasonne", diese beiden sind richtig sonnig und in Leichtigkeit anzuwenden.

Mayasonne

Ein äußerst kraftvolles Heilzeichen.

Die Sonne kann immer und überall in Verbindung mit all den Zeichen eingesetzt werden, die der individuellen Situation dienlich sind.

TAGESENERGIE:

Heute ist ein guter Tag für Heilarbeit. Heilung im Innen wie im Außen. Nutze die Sonne der Mayas für jegliche Impulse an Heilung, die Dir heute in den Sinn kommen. Das kann jeden Bereich betreffen.

Den Bereich der Liebe, der Partnerschaft
Den Bereich der Gesundheit
Den Bereich der Familie allgemein
Den Bereich der Wirtschaftlichkeit
Den Bereich des Berufs

Mayapriester Nutuk I
Das Symbol löst Disharmonien und Störungen,
die sich im Jetzt zeigen.

TAGESENERGIE:

Schütze Dich heute bewusst vor äußeren Einflüssen. Es zeigen sich einige Störungen und Disharmonien, die Dir das Vorankommen im Innen wie im Außen erschweren. Doch sieh diese als Herausforderung und gehe voller Vertrauen Deinen Weg weiter. Jede gemeisterte Herausforderung macht Dich im Innen stärker und selbstbewusster. Dein Vertrauen wächst!

Mayapriester Nutuk II
Ein Zeichen der Mayas für die bedingungslose Liebe

TAGESENERGIE:

Liebe – eine Hommage an Dich und Dein Sein, Deinen Körper, Deinen Geist und Deine Seele. Nimm Dir heute Zeit, um Dich selbst zu verwöhnen. Tue etwas, was Du schon lange mal wieder tun wolltest. Und wenn es „nur" ein Kaffeetrinken mit der besten Freundin oder dem besten Freund ist. Tue etwas für Dich, worauf DU Lust hast: ein Bad, eine Massage, ein ausgiebiger Spaziergang, einen Einkaufsbummel, einen Besuch beim Friseur, Schuhe kaufen oder lege eine gefühlvolle Musik auf und streichle Deinen Körper. Gib Dir Liebe. Egal, welcher meiner Vorschläge Dich jetzt anspricht, folge Deinem Impuls und nimm Dir das, was für Dich stimmig ist. Wichtig dabei ist, dass es Dein Herz zum Singen bringt.

Mayapriester Nutuk III
Die Mayaenergie, um Opferenergien zu lösen.

TAGESENERGIE:
Löse die Opferenergien in Dir. Werde frei!

Mayapriester Nevis
Die Mayaenergie der Freiheit.

TAGESENERGIE:

Freiheit – heute ist die Energie für Dich gut, um Dich von so manchen Altlasten und Verstrickungen zu befreien. Sei es im Hier und Jetzt oder aus karmischen Situationen. Es wird sich das lösen, was für Dich nun vorgesehen ist. Aus Körper, Geist und Seele. Lege das Zeichen von Nevis auf und bitte, dass es seinen Dienst tun soll. Lass einfach geschehen oder gehe aktiv ins Mitwirken, indem Du Nevis die Themen übergibst, die Dir als Erstes in den Sinn kommen. Auch hier geht es wieder um alle Bereiche: Gesundheit, Liebe, Partnerschaft, Familie, finanzielle Freiheit, Wirtschaftlichkeit, Beruf ...

Mayapriester Saramis
Die Sexualkraft, eine Kraft die unterschätzt wird und bei vielen brachliegt.

Erwecke Deine Sexualkraft. Damit ist die Vereinigung der weiblichen und männlichen Kraft in Dir gemeint. Viele unterschätzen die Kraft der Sexualität in Bezug auf die Heilung von Körper, Geist und Seele und die energetische Weiterentwicklung. Wer diese Kraft in sich ungenutzt schlummern lässt oder sie sogar ablehnt, wird nie die wirkliche Schöpferkraft in sich fühlen. So wurde es mich gelehrt. Und das bedeutet, sie zu leben. Irdisch zu leben. Das können lange Prozesse sein, um in diesem Bereich wirklich ganz frei sagen zu können: „Ich gebe mich meinem Partner, meiner Partnerin hin, im Vertrauen, in Liebe, in Ekstase, verbunden mit Spaß und Freude. Ich ehre mich und ich ehre ihn/sie. Ich lasse frei und bin doch tief verbunden."

Moments
Hebt die Wahrnehmung über das dritte Auge an. Immer in dem Moment, wo es aktiviert wird. Sehr hilfreich beim Üben im Bereich des Aurasehens.

TAGESENERGIE:

Übe heute den ganzen Tag, im JETZT zu sein. Egal was Du tust. Behalte dieses Zeichen heute den ganzen Tag bei Dir und hole Dich immer wieder ins JETZT. Nimm Dein Umfeld, Deinen Alltag, alles was ist, ganz bewusst und wertschätzend wahr. Eine Aufgabe, die sehr fordert.

Atlanten

Die Atlanten, ebenso wie auch die Sirianer, sind immer bei meiner Arbeit für die Frauen präsent.

Für JustWOMEN® oder im Allgemeinen, wenn es um die Heilung der Weiblichkeit geht. In diesem Zusammenhang zeigten sie sich mir das erste Mal und gaben mir Energien, mit denen ich oftmals sofortige Harmonisierungen oder Heilungen erreichen durfte.

Heilungen der Seele und der vielen Verletzungen des Frauseins, die von Urzeiten an immer wieder aufs Neue geschehen sind.

Dies darf ich erreichen durch das Arbeiten mit und an der weiblichen Helix. Das ist ein sehr wichtiger Bestandteil auf unseren Frauenseminaren. Die Erfolge sind gigantisch.

Jede Frau geht mit leuchtenden Augen aus dem Seminar und nimmt ihre Weiblichkeit wahr wie noch nie zuvor! Jede individuell für sich!

Das war mein Kennenlernen, der erste Kontakt mit diesen beiden Völkern, die mich dann Stück für Stück in ihre Energien eingeweiht haben und mich so, wie es die Situation erforderte, geführt und mir mit ihrer Kraft und Anwesenheit geholfen haben.

Code Maris

Ein spezielles Heilzeichen
(s. u. Heilung und Harmonisierung Seite 177)

TAGESENERGIE:

Kraft – Nutze das komplette Kraftpotenzial aus Körper, Geist und Seele. Lege Dir den Code auf und bitte um ganzheitliche Öffnung der Kraft, die in Dir steckt.

Code Atlantis

Ein spezielles Heilzeichen
(s. u. Heilung und Harmonisierung Seite 177)

TAGESENERGIE:

Deine Feinde sind Deine besten Freunde. Danke jedem, der Dir etwas Schlechtes will, Dich respektlos behandelt oder von dem Du Dich beleidigt, gekränkt oder ausgenutzt fühlst. Der Dich zutiefst enttäuscht hat. Egal, wann in Deinem Leben. JETZT ist der Zeitpunkt, um ganz damit abzuschließen und in die Heilung zu gehen. Heile die Resonanzen in Dir. Verwende das Power Ho'oponopono und arbeite zusätzlich mit diesem Code.

Water Clearing

Verändert die Wassereigenschaft. Für das Trinkwasser, beim Kochen, Baden, Duschen oder auch beim Wäschewaschen. Aktiviere das Symbol für Deinen gesamten Wasserhaushalt einmal pro Woche. Lege Deine Hand auf irgendeine Wasserleitung im Haus oder in Deiner Wohnung und bitte darum, dass sich jetzt diese Energie, dieses Symbol so in Deinem Wassersystem verbreitet, wie es für Dich und die Menschen, die bei Dir wohnen, zum höchsten Wohle ist, oder gehe ganz explizit von Wasserhahn zu Wasserhahn in Deinem Zuhause, und stelle Dir dabei vor, wie in jedem Wasserhahn ein energetischer Filter durch dieses Zeichen eingesetzt wird. Wähle die Art, mit der Du Dich wohl fühlst.

TAGESENERGIE:

Heute ist es an der Zeit, sich um äußere Reinigungsprozesse zu kümmern. Gönne Dir ein entspannendes Bad oder eine ausgiebige Dusche und trinke über den ganzen Tag verteilt mindestens drei Liter Wasser, angereichert mit der Energie des Symbols für das Clearing. Schwinge das Symbol in Dein Bade- oder Duschwasser ein oder stelle einen Wasserkrug darauf. Schließe den Tag abends ab, indem Du mit dem Symbol meditierst und Dir vorstellst, Du seist in einem ganz flachen klaren Fluss, der Dich wieder und wieder umspült und reinigt.

Chakra-Symbole

Diese sieben Chakra-Symbole
wurden mir von Erzengel Metatron übermittelt.

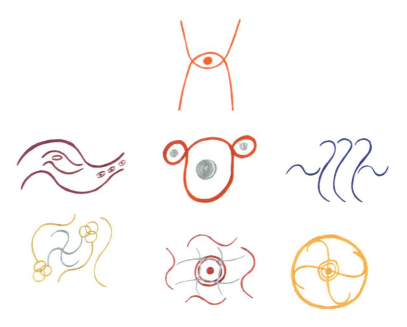

Hier führe ich alle sieben Chakra-Symbole auf, mit den Beschreibungen, die ich dazu bekommen habe. Zudem gibt es von mir eine CD mit einer geführten Meditation pro Chakra. Wenn Du mit den Chakra-Symbolen ohne meine CD arbeitest, dann stelle Dir vor, wie sich der dazugehörige Lichtstrahl in Deinem Chakra ausbreitet und für Dich wirkt!

Wurzel-Chakra

Hier kommt der Strahl der Schöpfung zum Einsatz. Eine Mischung aus weißem und pfirsichfarbenem Licht. Dieser Strahl trägt die Energie von Mutter Maria und Erzengel Gabriel. Öffne Dich für diesen Lichtstrahl und nimm auch das Symbol für das Wurzel-Chakra in Dir auf.

TAGESENERGIE:

Heute ist Erdung für Dich sehr wichtig. Unternimm heute einen ausgiebigen Spaziergang, verbinde Dich bewusst über die Fuß-Chakren mit Mutter Erde und versuche, zehn Minuten lang im JETZT zu sein, wirklich zu SEIN. In der Natur in Stille die Schritte zu hören, die Du gehst, den Wind, der vielleicht weht, die Vögel, die zwitschern oder der Regen, der Dir auf den Schirm prasselt. Schalte Deine Gedanken aus und richte Dich absolut auf den Augenblick aus. Das ist eine Herausforderung. Sobald Deine Gedanken abschweifen, hole Dich immer wieder zurück, indem Du Dich auf Deinen Atem konzentrierst, die Luft riechst, Deine Schritte hörst und Dich auf die Geräusche des Moments konzentrierst.

Sakral-Chakra

Hier zeigt sich ein rosaroter Strahl. Dieser Strahl trägt die Energie von Freiheit, Sinnlichkeit, Kreativität und Demut. Gelenkt von weiblichen Meisterenergien aus der weißen Bruderschaft und Erzengel Chamuel.

Übermittlungen zum Sakral-Chakra: Habe den Mut, Deiner inneren Stimme – Deinem Gefühl – zu vertrauen und danach zu handeln. TUE, was DU fühlst!

LEBE DEIN LEBEN.

Und verlasse den NEBEL, der sich vielleicht wie ein Schleier durch manche Bereiche Deines Lebens zieht. Hast Du schon mal das Wort LEBEN rückwärts gelesen? Das Sakral-Chakra steht auch für die Lebenslust. Öffne Dich für diesen Lichtstrahl und nimm auch das Symbol für das Sakral-Chakra in Dir auf.

TAGESENERGIE:
Die heilende Sexualität. Lege Dir das Symbol auf Dein Sakral-Chakra auf und lasse es einfach wirken. Ziehst Du dieses Symbol häufiger, zeigt es Dir, dass es wichtig ist, sich sowohl im Hier und Jetzt als auch im Karma die Verletzungen in der Weiblichkeit als auch in der Männlichkeit anzusehen. In Täter- wie in Opferrollen.

Solarplexus-Chakra

Ein goldgelber Strahl, der die Energie von Weisheit, Kraft und Erleuchtung in sich trägt. Gelenkt in einer Verbindung von Konfuzius, El Morya und Erzengel Jophiel. Sie fordern Dich auf, Deine Größe zu erkennen und zuzulassen. Öffne Dich für diesen Lichtstrahl und nimm auch das Symbol für das Solarplexus-Chakra in Dir auf.

TAGESENERGIE:
M.A.C.H.T
Lege Dir das Symbol auf Dein Solarplexus-Chakra
und lasse geschehen, was geschieht.

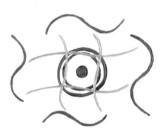

Herz-Chakra

Ein magentafarbener Strahl berührt Dein Herz-Chakra. Reine Christusenergie, Harmonie und bedingungslose Liebe füllen Dein Herzzentrum aus. Öffne Dich für diesen Lichtstrahl und nimm auch das

Symbol für das Herz-Chakra in Dir auf.

TAGESENERGIE:
Heute ist es wichtig, alles, was Dir Angst macht, Dich traurig stimmt, Dir vielleicht den Mut raubt, anzunehmen und zu akzeptieren. Durch eine schwierige Situation, die gerade in Deinem Leben besteht, durchzugehen oder einfach in Klarheit eine Entscheidung zu treffen. Nimm Dich, Deine Gefühle und alles, was sich in Bezug auf dieses Zeichen zeigt, an und umarme es. Schicke so viel Liebe hinein, wie Du geben kannst, und lass es dann einfach so stehen.

Hals-Chakra

Dieser Strahl zeigt sich aquamarinfarben und steht für Klarheit. Klarheit auf allen Ebenen. Gelenkt durch eine Verbindung von aufgestiegenen Meistern der weißen Bruderschaft. Öffne Dich für diesen Lichtstrahl und nimm auch das Symbol für das Hals-Chakra in Dir auf.

TAGESENERGIE:
Heute ist ein guter Tag für reinigende und klärende Gespräche. Lege Dir das Symbol auf Dein Hals-Chakra auf und bitte darum, dass Dir die richtigen Worte und Impulse in den Gesprächen gegeben werden. Das kann auch die Klarheit für bevorstehende geschäftliche Termine sein wie auch in allen anderen Bereichen Deines Lebens.

Stirn-Chakra

Ein violetter Strahl für Transformation, Hingabe, Öffnung und Verstärkung Deiner Wahrnehmungen, gelenkt von Saint Germain und Erzengel Zadkiel. Öffne Dich für diesen Lichtstrahl und nimm auch das Symbol für das Stirn-Chakra in Dir auf.

TAGESENERGIE:

Lass Dich nicht blenden, weder im Innen noch im Außen. Manchmal sind die Dinge nicht so, wie sie scheinen. Dies ist ein sehr kraftvolles Symbol, um Dir den Blick zu öffnen.

Kronen-Chakra

Das Kronen-Chakra wird ausgeleuchtet mit einem kristallinen Strahl. Eine Bündelung von Lichtstrahlen, gelenkt aus der Ebene der kosmischen Energien und der weißen Bruderschaft. Dein Energie-Niveau hebt sich an, und Deine Verbindung ins Göttliche ordnet sich NEU! Erzengel Metatron und Michael begleiten Dich bei diesem Prozess. Öffne Dich für diesen Lichtstrahl und nimm auch das Symbol für das Kronen-Chakra in Dir auf.

TAGESENERGIE:
Verbinde Dich über dieses Symbol mit Deinem Geistführer.

König Salomon

Auch er ist einer meiner Geistführer

Er hat immer wieder geprüft, ob ich auch wirklich „würdig" bin, mit dem zu wirken, was er mir zur Verfügung stellt. Er stellte mich ein paar Mal vor die „Versuchung", seine Zeichen und die Macht-Symbole, von denen ich noch weitere erhalten habe, skrupellos zu meinem Vorteil einzusetzen.

Er erschuf mir den Raum der Versuchung. Mehr möchte ich dazu nicht schreiben, ich habe es geschafft und die Prüfungen bestanden, und somit ist er weiter an meiner Seite geblieben und übermittelt mir noch heute immer wieder neue Energien. Höre immer auf Dein erstes Gefühl, Deinen ersten Impuls und lass Dich nicht von niederen Beweggründen treiben und leiten.

Und wenn Du merkst, dass Dein erstes Gefühl aus dem Ego oder dem Verstand kommt, dann halte kurz inne, atme sieben Mal intensiv in Dein Herz-Chakra ein und dann frage Dich noch einmal, wie und für was Du mit den Zeichen der Macht arbeiten darfst und wie Du sie einsetzen kannst!

Zepter Salomons (Salomon-Stab)

Speziell für die Anhäufung von materiellem Reichtum und freien Geldfluss

TAGESENERGIE:

Mit der Kraft des Herzens kannst Du alles erreichen, was Du Dir wünschst. Setze sie gezielt ein und lege die Angst ab, zu manipulieren. Alles, was Du mit und aus Deinem Herzen tust, ist gut!

M.A.C.H.T

Nimm Du Deine Macht an – dieses Zeichen wird Dir dabei helfen und Deine Potentiale in allen Bereichen öffnen oder intensivieren.

TAGESENERGIE:

Deine Seele sehnt sich nach der Erfüllung ihres Auftrages. Du weißt nicht, was Dein Auftrag ist? Lege Dir dieses Zeichen auf und bitte um göttliche Führung. Es werden Impulse kommen und Dir die nächsten Schritte gezeigt werden.

König Salomon

Geldfluss, Macht und Erfolg

Du kannst es als Siegel einsetzen für individuelle Geschäfte oder auch gedanklich jeden Tag für den finanziellen Fluss aktivieren. Für den geschäftlichen Erfolg im Allgemeinen.

TAGESENERGIE:

Es ist an der Zeit, die natürliche Fließgeschwindigkeit Deines Lebens zuzulassen und anzunehmen. Löse eine Bremse nach der anderen.

Tempelritter

Je schneller ich voranging, von einer Ebene in die nächste, umso wuchtiger wurden auch die Versuche, mich auszubremsen, mich festzuhalten und mich nicht weiter zu lassen. Ich weiß nicht, ob das nun jeder versteht, doch ich kann es nicht anders beschreiben. Je mehr meine Herzkraft und die meines Mannes wuchs und unsere Familie eine Einheit wurde, umso mehr wurde aus einer anderen Ebene gegen mich/uns gewirkt.

Manchmal dachte ich schon, ich hätte Paranoia, doch ich spürte diese „Angriffe" immer in meinem Körper, oder es ging Robert oder den Kindern schlecht. Das reichte von unglaublich starken Körperschmerzen bis hin zu Herzrhythmus- und Gleichgewichtsstörungen.

Meine Kinder haben in den Nächten vor Angst vor den Wesenheiten, die sich zeigten, geschrien. Und dies äußerte sich ganz irdisch in schlechten schulischen Leistungen, Unausgeglichenheit, Streitigkeiten zwischen den Brüdern und inneren Spannungszuständen. Doch ich habe mich nie ins Bockshorn jagen lassen, war im Vertrauen, verbrachte tagelang viele Stunden in der Natur – alleine, mit meinem Mann oder mit den Kindern – und habe uns immer wieder aufgerichtet und gefestigt, in und mit meinen Möglichkeiten. Und als ich anscheinend genug geprüft worden war und mein Vertrauen unerschütterlich war, kamen die Zeichen der Tempelritter. Ich habe heute über 200 davon. Sie haben mir die Macht gegeben, mich und meine Familie gegen sämtliche An- und Übergriffe zu schützen, zu stärken und auch vorzusorgen! Mir wurde Stück für Stück aufgezeigt, wer auf dieser Erde mit welchen Symbolkräften wirkt und was es alles für Vereinigungen und irdische Mächte gibt, von denen ich noch nie etwas gehört oder gelesen hatte. Ich hatte mich vorher mit solchen Dingen nicht beschäftigt. Vereinigungen wie die Tempelritter, die Rosenkreuzer, die Freimaurer, Familien-Clans, die durch und mit diesen und anderen Symbolen an die Regierungsmacht kamen, Systeme, die erschaffen wurden, um bewusst zu manipulieren, zu beeinflussen – die Macht auszuüben! Wie zum Beispiel HAARP! Auch hier möchte ich nicht weiter darauf eingehen.

Ich schreibe ja kein Verschwörungsbuch. Dieses Buch hier ist für Freigeister! Für Menschen, die aus den Resonanzen all dieser bewusst oder unbewusst wahrgenommen Zwänge und Mächte aussteigen möchten. Ohne in den Kampf zu gehen gegen all das Schreckliche, was es gibt. Sondern damit Frieden schließen und seinen Freigeist damit wachsen lassen. In LIEBE und Achtsamkeit. Die Tempelritter haben mir viele, viele Symbole übermittelt, damit ich den Weg eines Freigeistes gehen kann.

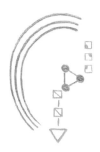

Lichtbogen
Visiere Dein Ziel,
spanne den Bogen und dann lass den Pfeil fliegen!

TAGESENERGIE:
Du wirst aufgefordert, ins Detail zu gehen. Ganz klar zu formulieren, was Du willst und was nicht. Sei es im Irdischen, auf allen Ebenen, als auch im Energetischen. Du wirst ernten, was Du säst. Werde achtsamer, bringe Deine Energie in Worten, Gefühlen und Taten auf den Punkt.

Der Obelisk
Ein Allrounder unter den Energiezeichen.
Beschreibung auf Seite 80

TAGESENERGIE:
Besinne Dich auf Deine Gaben und Fähigkeiten und setze sie ein. Nur durch das TUN kommt Veränderung. Hast Du schon einen Energieplatz eingerichtet, wie er unter der Erklärung für den Obelisken beschrieben steht? Falls ja, dann

besuche diesen Platz heute ganz bewusst für eine gewisse Zeit und meditiere dort. Falls nicht, fordert Dich der Obelisk nun auf, diesen Platz einzurichten.

Dann vertraue und übe Dich in Beständigkeit, indem Du jeden Morgen den Obelisken aktivierst. Tue dies in einem kurzen Gebet oder mit einem schönen Lied, gehe in Dich, sprich mit Deinen Engeln, und wenn es nur für ein paar Minuten ist. Ganz egal, wie Du es tust, Hauptsache es kommt aus Deinem Herzen.

Die Sichel
Trennung/Abtrennung

Dieses Zeichen trennt vor allem karmische Energien ab, die sich störend oder blockierend auf einen Bereich in Deinem Leben auswirken.

Bitte achtsam und mit Bedacht einsetzen, und sich führen lassen. Der Unterschied zu den Schwertern von Erzengel Michael ist folgender: Nach der Abtrennung leitet die Sichel ganz automatisch das Anstreben der Vollkommenheit in dem Bereich Deines Lebens ein, wo sie zum Einsatz kam!

TAGESENERGIE:
Dieser Tag trägt die Energie der Trennung in sich. Trennung, Loslassen und Platz schaffen für NEUES. Neues, das sich der Vollkommenheit annähert!

Das Steuerrad

Das Rad hilft Dir in dem Moment, in dem Du es nutzt, die Energie zu verändern, in eine andere Richtung zu lenken.

TAGESENERGIE:

Kann es sein, dass Du gerade Deinen Kurs verlässt, nicht das tust, was Du möchtest, was Dir wichtig ist? Verbiegst Du Dich, um im Außen zu gefallen oder nicht anzuecken?

Weichst Du in manchen Situationen aus und gehst den Weg des geringeren Widerstandes, auch wenn Dein eigentlicher Weg, Deine Abzweigung eine andere gewesen wäre? Das heißt, Du bist Deinem ersten Gefühl nicht gefolgt, und Dein Verstand hat die Oberhand gewonnen, das Kommando übernommen.

Dieses Zeichen weist Dir den Weg und stellt Dich hinters Steuer! Nimm jetzt das Steuerrad Deines Lebens in die Hand und begib Dich auf die Bühne Deines Lebens. Nimm den Mittelpunkt auf Deiner Bühne ein!

Meisterenergien / Lichtcodierungen

Dieser Bereich entstand durch das Sehen von Codierungen. Die Codierungen werden von aufgestiegenen Meistern bzw. Meisterenergien erstellt. Heute kann ich für Menschen, die Heilung brauchen, immer eine Codierung erfragen! Sie kommt ganz explizit aus einer Meisterenergie, und keine zwei Codierungen sind gleich. Dieser „Meister" erklärt mir dann auch, wie die Codierung einzusetzen ist und wie sie wirkt!

Meister Chion
Die Energie der Telepathie.

TAGESENERGIE:
Verbinde Dich mit der Energie dieses Meisters, indem Du den Code auflegst und für Dich aktivierst.

Saint Germain
Das wachende Auge

Aktiviere dieses Zeichen immer dann, wenn Du Dir in Deinen Entscheidungen oder in Deinem Tun unsicher bist. Saint Germain wird Dir aktiv Hinweise und Unterstützung geben.

TAGESENERGIE:
Es stehen Entscheidungen an. Ich weise Dir den Weg, nimm mich an und lass mich Dir helfen. Vertraue mir, ich bin Klarheit.

Code Malek

Ein spezielles Heilzeichen (s. u. Heilung und Harmonisierung Seite 177) und ein Code zur intensiven Verbindung mit Mutter Erde. Gut aus dem Moment anzuwenden, wenn dringend Erdung benötigt wird ... gerade für Freigeister, wie ich einer bin. Es bringt Ruhe in die eigene Energie. Ruhe und Frieden. Es wirkt ausgleichend auf all die Wahrnehmungen, die einen manchmal irdisch einfach überfordern! Besonders gut auch bei sensitiven Kindern anzuwenden!

TAGESENERGIE:

Besinne Dich auf Deine Mitte. Du bist momentan überall und nirgends. Komm zu Dir. In Dir liegt die Kraft und die Ruhe.
Lege Dir diesen Code auf, um Dich von allem zu trennen, was Dich aus Deiner Mitte wirft. Bitte um göttliche Führung.

Code Sirius
Ein spezielles Heilzeichen
(s. u. Heilung und Harmonisierung Seite 177)

TAGESENERGIE:

Tauche ein in die Tiefen Deines Geistes. Nimm Dir eine Stunde Zeit, ganz in Ruhe und sorge dafür, dass Du nicht gestört wirst. Dann versetze Dich in einen meditativen Zustand. Mache dazu Folgendes: Schüttle Deinen ganzen Körper 20 Minuten lang zu einer Powermusik. Fang langsam an und steigere Dich von Lied zu Lied. Das braucht etwas Vorbereitung, auch in der Musikauswahl. Oder Du lässt ein Lied immer wieder in Schleife laufen. Lass Deinen Körper sich bewegen, wie er möchte. Das muss nicht schön aussehen oder im Takt sein. Nach diesen 20 Minuten gehe in ganz ruhige Meditationsmusik ohne Text über und lege Dir den Code auf. Atme tief und bewusst 30-mal in Dein Wurzel-Chakra und dann 30-mal in Dein Herz-Chakra. Stell Dir bei jedem Atemzug vor, dass Du den Sirius Code einatmest. Tauche ein in die Wurzeln Deiner Seele.

Petrus-Code
Ein spezielles Heilzeichen
(s. u. Heilung und Harmonisierung Seite 177)

TAGESENERGIE:

Heute ist ein guter Tag, um Dich von belastenden Situationen und Gefühlen zu trennen. Sie halten Dich von der Einheit in Dir ab und treiben Dich immer mehr aus Deiner Mitte. Nutze die Codierung ganz gezielt für Themen, die sich Dir zeigen, und bitte um Auflösung, so wie es göttlich für Dich vorgesehen ist.

Universelles kosmisches Bewusstsein

Lange wusste ich nicht wirklich, was die Energiefelder, die mich von Anfang an begleiten, bedeuten. Wer sie sind und was sie sind. Bis mir dann übermittelt wurde, dass ich durch sie das kosmische Bewusstsein mit dem morphogenetischen Feld des Menschen verbinden und erhöhen kann. Und die Energiefelder sind in mir, und ich bin in ihnen. Mit der Zeit kamen dann einige Zeichen dazu, die anders aussahen und trotzdem dieser Ebene angehörten. Erst kurz vor Abschluss dieses Buches habe ich erfahren, dass Erzengel Gabriel „hinter" diesen Energiefeldern steht. Er IST das Energiefeld. Er hat es mir bewiesen, indem er sich durch ein Energiefeld zeigte. Erst zeigte sich das Energiefeld, und als es verschwand, stand Erzengel Gabriel da.

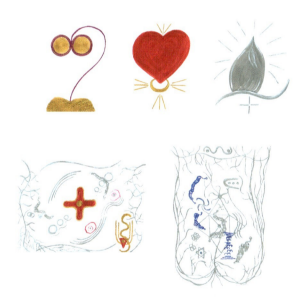

Die Flamme des Heiligen Geistes

Diese Energie hilft Dir, die laufenden und kommenden Prozesse und Veränderungen leichter zu durchlaufen. Manchmal darf es auch ganz leicht gehen. Die Energie des Heiligen Geistes ist so vertraut für uns alle, für unsere Seelenkörper! Auch wenn Du es bewusst nicht fühlst, Dein Vertrauen wird mit dieser Energie stetig genährt werden. Fühle Dich behütet und beschützt und gehe Deinen Weg, egal wie schwer er sich manchmal auch anfühlen mag.

TAGESENERGIE:
Veränderung! Neue Wege zeigen sich, Tore öffnen sich im Innen wie im Außen. Sei bereit für alles, was kommt! Sag Ja und nimm an, was Dir gegeben wird. Lege Dir die Flamme auf Dein Herz-Chakra auf und lasse sie Dein Herz erleuchten und Dir einfach beistehen.

Mutter Maria

Sie ist zuständig für die „ICH BIN KRAFT" IN DIR.
Lege Dir die Verbindung zu Mutter Maria auf und sprich in Gedanken oder auch ganz laut, so wie es sich für Dich gut anfühlt, folgende Worte:

Ich bin vollkommenes Licht.
Ich bin vollkommene Liebe.
Ich bin vollkommenes Vertrauen.
Ich bin vollkommene Reinheit und Klarheit.
Ich bin vollkommene Kraft.
Ich bin vollkommener Mut.
Ich bin Dualität.
Ich habe das Göttliche in mir.
Ich bin Schöpferkraft!

Ich bin, die ich bin, ich bin, der ich bin, und lebe, was ich bin. Ich nehme jetzt den Mittelpunkt auf der Bühne meines Lebens ein. Du kannst es in allen Varianten, die Dir einfallen, wiederholen und sprechen. So oft es Dir guttut. Ich habe es oft beim Joggen laut gerufen oder auch in Gedanken immer wieder vor mich hin gesprochen.

TAGESENERGIE:
Hier sind die allgemeine und die Tagesenergie identisch.

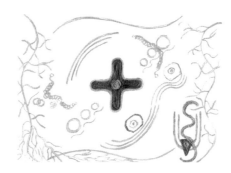

Heart & Soul
Die Verbindung und Intensivierung ins göttliche Herz, ins kosmische universelle Bewusstsein oder zu Deinem höchsten Selbst

TAGESENERGIE:
Ich bin in Dir und Du in mir. Fühle die bedingungslose göttliche Liebe. Öffne Dein Herz für das Göttliche in Dir.

Pinockel
Für den Ausgleich der Dualität.

Als ich dieses Zeichen bekam, habe ich verstanden, warum so viele Lichtarbeiter für sich selbst nicht glücklich und frei werden können – auch wenn sie noch so sehr mit und aus ihrer Herzkraft wirken: ein Lichtarbeiter, Heiler oder auch einfach ein Mensch, der die Lichtarbeit in sein Leben integriert hat und mit ganzem Herzen dabei ist. Mit Hingabe, Überzeugung und vielleicht schon Jahre an sich oder für andere wirkt. In bestem Wissen und Gewissen, mit Liebe und unter göttlicher Führung. Hat sich schon mal jemand gefragt, warum ein Großteil dieser Menschen nie so richtig in finanziellen Fluss kommt, viele mit Rückschlägen zu tun haben, in welchen Bereichen auch immer, und dadurch wiederum ins Zweifeln geraten, zweifeln an dem, was sie tun. Man hilft und hilft und hilft ... und selbst kommt man nicht so richtig auf die Füße, ist krank, hat partnerschaftliche oder familiäre Probleme usw.. Und man versteht es nicht – auch wenn man es bedingungslos und in Liebe annimmt, wie es ist. WARUM? Ich habe die Antwort bekommen und ein Symbol um diesen Zustand zu wenden – oder auszuhebeln! Und die Erklärung leuchtet – mir jedenfalls – ein.

Erklärung:
Bei jeder Lichtarbeit, die jemand tut, sucht die andere Seite, die Dualität ihren Ausgleich! Und dieser Ausgleich findet eins zu eins im Resonanzfeld des ausführenden Lichtarbeiters statt! Verstehst Du das? Verstehst Du dieses Ausmaß, das ich Dir damit erklären möchte? Ich habe die Möglichkeit gezeigt bekommen, mit diesem Zeichen, das ich zum Abschluss einer jeden Arbeit setze, diese Resonanz der anderen Seite in eine Ebene außerhalb meines unmittelbaren „morphogenetischen Einzugsgebietes" stattfinden zu lassen. Denn dass es stattfindet, ist unweigerlich. Es ist! Das Pinockel wirkt wie ein Blitzableiter.
Setze es nach jeder Arbeit ein und sprich folgenden Satz dazu (WICHTIG!): „Ich bitte darum, dass die Dualität sich den Ausgleich außerhalb meines Resonanzfeldes sucht!" Und wenn Du für jemand anderen wirkst, beziehe ihn auch gleich mit ein! An dieser Stelle kam auf den Seminaren immer folgende Frage: „Und wo geschieht dann der Ausgleich, wer bekommt es ab?" Die gleiche Frage habe ich auch gestellt, als ich dieses Zeichen erklärt bekam. Die

Antwort, die ich erhalten habe: „Darum kümmern wir, die Engel, uns! Nutze die Möglichkeit, die wir Dir hier gegeben haben, oder nicht! Es liegt bei Dir!" Und somit habe ich begonnen, es zu nutzen. Das war die Wende auf unserem Lichtarbeiter-Weg – wir wurden immer erfolgreicher! In allen Bereichen unseres Lebens kehrte Erfolg ein, der von Dauer ... und leicht ist!

TAGESENERGIE:
Überprüfe Deine Ernsthaftigkeit im Umgang mit ALLEM.

Aktivierungsenergiefeld

TAGESENERGIE:
Immer, wenn Du dieses Feld ziehst, ist es an der Zeit, die Energien aus diesem Buch NEU auszurichten. Sei hier ganz im Vertrauen, dass es so geschieht, wie es für Dich zum höchsten Wohle ist. Lege dazu Deine linke Hand auf alle Symbole, lege oder setze Dich bequem hin und gehe in die Stille. Mit oder ohne Musik, wie Du möchtest. Deine rechte Hand legst Du auf das Aktivierungsfeld. Dann bitte die Engel und Geistwesen, dass sie die Energien nun so anpassen, wie es für Dich gut ist. Auf allen Ebenen Deines Seins. Bleibe so lange in der Stille, wie es für Dich stimmig ist.

Neutrales Werkzeug

Was verstehe ich unter einem „neutralem Werkzeug",
wie wurde es mir erklärt?

Als ich die schwarze Sonne das erste Mal am Himmel sah, habe ich mich
total erschrocken. Da war einfach nur eine schwarze Scheibe, und sie gefiel
mir gar nicht. Sie war so anders von der Energie und der Ausstrahlung als
die Zeichen, die ich bisher immer gesehen hatte. Nichts Leuchtendes oder
Farbiges und doch war die Energie sehr klar und kräftig. Nichts Liebliches,
nichts, was sich sofort in meinem Herzen gut anfühlte. Ich habe die schwarze
Scheibe die ersten Tage ignoriert und dachte mir, dieses Gebilde gehört nicht
zu den Zeichen, die ich sonst sehe, dieses Zeichen hat sich bei mir verlaufen ...
Mir wurde erklärt, dass es eine ART „neutrale Zone" gibt und das Zeichen aus
dieser stammt. Was ist diese neutrale Zone? Eine neutrale Energie-Ebene, aus
der Zeichen kommen. Jeder kann sie (be)nutzen. Für Gutes oder Böses. Hell
oder Dunkel. Aus Ego, Gier, Neid, Hass motiviert oder mit Liebe eingesetzt –
sie wirken immer. Wie Strom. Mit Strom kann eine Herz-Lungen-Maschine
betrieben werden oder ein elektrischer Stuhl. Aus dieser Ebene habe ich
mittlerweile etliche Zeichen erhalten, die schwarze Sonne war nur das erste.

Die schwarze Sonne
Magnetismus

Sie ist ein neutrales Zeichen und Magnetismus pur. Ich habe dieses Zeichen bekommen, um meine Arbeit zu erleichtern, als die Herzöffnungsseminare immer größer wurden. Nach und nach lernte ich sie einzusetzen und ihre Kostbarkeit zu schätzen, dankbar für dieses Werkzeug zu sein. Anfänglich war ich total überrascht und eher abgeschreckt durch ihr dunkles Aussehen. Ein Zeichen, mit dem u.a. auch Hitler gewirkt hat und somit diese unglaubliche Massenbewegung auslösen konnte. Ich möchte hier keine Angst schüren. Ich habe mir gut überlegt, ob ich Hitler erwähnen soll. Es kam ein Ja von meiner Führung. Warum? Damit sich jeder ganz klar und bewusst darüber ist, dass die vorgestellten Symbole und Werkzeuge sehr machtvoll und somit kein Spielzeug sind und immer mit Bedacht und Herzenergie eingesetzt werden sollten. Ich liebe die schwarze Sonne, und auch sie ist einer meiner täglichen Begleiter geworden. Was kann man alles mit ihr tun? Es ist unendlich viel. Du wirst lernen, sie einzusetzen. Auch hier wird Dir Deine Führung über die Zeit immer mehr Möglichkeiten aufzeigen.

Beispiele:
Um alle Zeichen zu magnetisieren, zu verstärken. Dazu die schwarze Sonne auf das Zeichen legen, das Du magnetisieren möchtest, beide Zeichen zwischen Deine Hände legen und darum bitten, dass sich nun die Energie so verstärkt und anhebt, wie Du es annehmen kannst und brauchst. Bitte bei jedem

Zeichen einzeln die Energie anheben. Gerade bei Transformation, Heilung und Entstörung genial. Aber auch um die Anziehungskräfte zu verstärken. Anziehung des passenden Lebenspartners, des optimalen Jobs, Anziehung von Geldfluss, guten Geschäften und Vertragspartnern usw..

Gerade hier ist die Herzausrichtung, das Wirken aus dem Herzen heraus, das A und O. Gib anfänglich die Kraft, Intensität und Ausrichtung der Wirkung der schwarzen Sonne immer an die göttliche Führung ab. Wirke aus Deinem Herzen und nicht mit dem Verstand. Denn dieses Zeichen funktioniert auch, wenn jemand in die manipulative Ausrichtung geht, siehe Hitler. Doch das wird irgendwann auf den Anwender zurückfallen (Resonanzprinzip).

TAGESENERGIE:
Ich helfe Dir, auf allen Ebenen in die Fülle zu kommen. Arbeite mit mir in Achtsamkeit und mit Deiner Herzkraft.

Code Resonanzbeschleuniger

Dieses Symbol beschleunigt die Entwicklungsprozesse. Du kannst es für alle Bereiche Deines Lebens anwenden. Ein Beispiel für den Bereich Medialität. Du hast immer wieder ähnliche Reaktionen oder Ängste in Bezug auf die Öffnung Deines dritten Auges, bezüglich des „Sehens". Ich habe das schon des Öfteren bei Menschen erlebt, die in die Zukunft sehen können und Vorahnungen haben. Denn man sieht beides. Schönes und weniger Schönes bis hin zu Unfällen. Diese Menschen haben sich nun verschlossen und auch wenn sie diese Gabe noch so gerne wieder zulassen würden ... die Ursache des Sich-Verschließens, die Ursache der Angst muss gelöst werden. Hierbei ist der Resonanzbeschleuniger eine gute Hilfe. Du setzt ihn in der Absicht, dass er Dir aufzuzeigen soll, wo Du hinzuschauen hast, was gelöst werden will, damit Deine Gabe wieder befreit wird und wieder gelebt werden kann. Schritt für Schritt. Es öffnet Dir die Augen und lässt Dich vor allem durch die Spiegelbilder in Deinem gesamten Umfeld und Leben lernen. In allen Bereichen. Anfangs ist es in der Anwendung gefühlt sehr turbulent, und man könnte fast meinen, es stelle einem das ganze Leben auf den Kopf. Ein Unruhestifter! Das kann sich so anfühlen, muss es aber nicht. Ich will damit nur sagen, dass hier meist schnell Veränderungen kommen oder sich andeutet, was verändert werden soll.

TAGESENERGIE:

Es wird Zeit, in manchen Bereichen Deines Lebens absolute Klarheit zu schaffen. Klarheit und Wahrheit sind wundervolle Eigenschaften, doch meist lösen sie anfänglich Schmerz und Angst vor Veränderung aus. Nur Vertrauen und bedingungslose Liebe lassen Dich hier weitergehen. Sage Ja dazu und bitte um göttliche Führung.

Entstörung

Zur Entstörung für alle Bereiche in Deinem Leben.
Beispiele unter den einzelnen Rubriken.

TAGESENERGIE:

Verurteile nicht Dein Außen, Situationen oder Menschen für das, was Dir
widerfahren ist oder widerfährt. Richte den Blick ganz nach INNEN und löse
es in DIR. Wenn Du Dich veränderst, verändert sich Deine Schwingung und
somit Deine Spiegelbilder.

Schlussworte

HINGABE

Was ist Hingabe? Was bedeutet FÜR MICH Hingabe an meine Arbeit? Wie kann ich den Menschen diese Hingabe beschreiben oder vermitteln?

Ich kam zu folgendem Ergebnis: Hingabe entsteht für mich, wenn Du keine Fragen mehr stellst. Wenn Du Dich nicht mehr fragst: „Warum?", sondern einfach nur vertraust und bedingungslos tust. Keine Angst mehr hast, zu versagen, kein Geld mehr zu haben oder zu verlieren – was auch immer. Irgendwann war dieses Gefühl und der Mut für diesen Weg einfach da. Hingabe ist für mich, wenn Du Deinem Auftrag nachgehst, den Du vielleicht nicht mal benennen kannst und ihn doch in Deinem Herzen fühlst und lebst! Ich versuchte mich zu erinnern, wann ich das erste Mal das Gefühl hatte, Hingabe zu fühlen. Es kam sofort ein tiefes Gefühl und eine Situation, Bilder vor meinem inneren Auge. Dieser Zeitpunkt des Fühlens der Hingabe kam etwa ein Jahr nach unseren ersten Seminaren. Ich kann mich so genau daran erinnern, weil ich sehr überrascht war, was für eine Tiefe an Herzkraft und Gefühl in mir ist. Ich dachte damals, es wäre durch die Herzöffnungsseminare keine weitere Entwicklung dieses Gefühls mehr möglich. Doch so ist das natürlich nicht, wir entwickeln uns unser ganzes Leben lang und darüber hinaus.

Doch was ist hier aus dieser Aussage für Dich wichtig?
Dieses Gefühl kam aus dem TUN.
Wiederum ist das Zauberwort TUN.

Denn ohne das TUN helfen mir all die Erkenntnisse nichts, und ohne TUN kommen auch keine Erkenntnisse.
Und das ist es, was ich bei so vielen Menschen, die unseren Weg begleitet oder gekreuzt haben, feststelle: Sie wissen, sie fühlen vielleicht sogar ansatzweise, was es bedeutet, sich dem Dienst Gottes, der inneren Stimme, des höheren

Selbst oder wie auch immer man es benennen möchte, hinzugeben. Doch sie tun es nur manchmal oder partiell. Dies ist in Ordnung, wenn es für diesen Menschen so stimmig ist, für mich persönlich ist es das nicht. Für mich gibt es nur schwanger oder nicht schwanger. Ist das jetzt bewertend? Ich für mich sage Nein, denn das ist mein Gefühl und meine Wahrnehmung an meinem Platz. Für mich ist es nicht bewertend, weil ich auch wiederum jeden in Liebe an seinem Platz und in seiner Wahrnehmung bedingungslos stehen lassen kann. Das durfte ich über all die Jahre lernen. Auch wenn ich nicht mit dem, was mir entgegengebracht wird, einverstanden bin – ich kann es ohne Widerstand einfach stehen lassen. Ich für mich habe erkannt, dass ich niemanden lehren kann, Hingabe zu fühlen und zu tun. Entweder dieses Gefühl kommt oder nicht. Ich kann mich auf Hingabe auch nicht vorbereiten. Genauso wenig wie ich mich auf „Verliebt sein" vorbereiten kann. Ich kann nicht sagen oder planen: „Ach ja, in drei Wochen bin ich dann mal wieder verliebt oder gebe mich dem Dienst auf Erden hin." Das geht nicht. Und ich kann auch von niemandem erwarten, diese Hingabe auf meinem Fluss des Lebens mit zu erfahren. Das kann nur jeder auf seinem eigenen Lebensfluss. Ja und somit sind wir wieder ganz am Anfang. Jeder in Eigenverantwortung für sich, sein Leben und dem, was er tut oder nicht tut.

**Ich habe keine Fragen mehr …
Das ist für mich die wahre Hingabe.**

Und aus dem Gefühl der Hingabe an meinen Dienst, den ich tue, sende ich Dir jetzt LIEBE.

Die Liebe, aus der dieses Buch entstanden ist. Die Liebe für den Dienst, dem Robert und ich uns hingegeben haben. Kurz bevor das Buch in Druck gehen sollte, hatte ich ein wundervolles Erlebnis. Eine Erscheinung. Ich möchte dieses Erlebnis und die Erkenntnis daraus noch hier, in diesem ersten Buch, vermitteln:

Erscheinung – Gespräch Mai 2012

Ich hatte heute eine Erscheinung im Wald, weil ich sehr pikantes Wissen, eine Übermittlung über das Wirken und Vorgehen von manchen Vereinigungen auf dieser Erde, „nur" an die Menschen in meinem Verteiler weitergeben wollte! Ich traute mich nicht, in die Offensive zu gehen, damit an die Öffentlichkeit zu gehen. Die Energien dieser Vereinigungen sind mächtig. Irdisch wie energetisch, ich habe es selbst schon mehrfach erfahren. Ich spreche mit den Engeln, den Geistwesen, mit den Helfern, die mir zur Seite stehen. Sehe Schatten, Lichtkugeln und Lichtumrisse der Wesenheiten und Engel, neben all den Zeichen und Energiefeldern. Das ist alles schon ganz normal für mich. Heute habe ich von Angesicht zu Angesicht mit Erzengel Gabriel sprechen dürfen. An meinem Lieblingsplatz im Wald. Ich weine gleich wieder... ich muss ehrlich gestehen, ich habe nicht dran geglaubt, dass man so mit Engeln sprechen kann. Fast wie mit einem Menschen, und doch nicht vergleichbar. Es geht so tief ins Herz. Er bestärkte mich in meiner Herzkraft und in meinem Auftrag und ermutigte mich, mit meinem Wissen ins Außen zu gehen. Zu verkünden, was mir vermittelt wird. Mit meinem Mann und meiner Familie. Wir seien beschützt. Mehr möchte ich zu diesem Geschehnis nicht berichten, es ist ein kostbares Gut, was ich in mir hüten möchte. In meinem Herzen. Erzengel Gabriel ist es auch, der sich mir bis heute in Form von den Energiefeldern zeigt.

Noch eins. Ich dachte immer, ich bin stark und folge allen meinen Impulsen, so wie ich es hier in diesem Buch vermittelt habe. Doch dieses Gefühl, das ich seit dieser Begegnung in mir trage, ist mit nichts Irdischem und nichts Energetischem, was ich bisher erfahren habe, zu vergleichen. ICH BIN!

Nach diesem Erlebnis hat es in mir gearbeitet und gearbeitet – das, was ich in diesem Buch hier an die Menschen weitergebe, ist ein Bruchteil dessen, was ich an Übermittlungen bekommen habe. Und ein paar Tage später war die Entscheidung klar: Jetzt ist es so weit, ich werde das, was uns übermittelt wird, nach und nach freigeben. Mir sind schon die nächsten fünf Buchtitel genannt worden und die Themen, über die wir schreiben sollen.

Und wir TUN!

8 zusätzliche Symbole

speziell für die Leser ohne Symbolkarten-Set oder CD.
Einfache Aktivierung und Anwendung der folgenden 8 Symbole.

- Schau Dir die 8 Symbole an und wähle das aus, was Dich im Jetzt als Erstes angesprochen hat.

- Lege nun Deine linke Hand auf das Zeichen und verweile ein paar Minuten einfach nur in Stille und fühle.

- Bitte nun die Engel, dass das Symbol in der Kraft und Intensität, wie es für Dich im jetzigen Augenblick dienlich ist, in Deinem System aktiviert wird, und vertraue.

- Nun beginne das Symbol einzuatmen, indem Du Dich ganz auf Deinen Atemfluss konzentrierst. Höre Deinem Atem zu und folge dem Atem, wie er durch Deinen Körper strömt. In jeder Sekunde, beim Einatmen wie beim Ausatmen. So kommst Du immer mehr vom Außen in Dein Innen.

- In diesem tiefen Ruhezustand atme nun 12-mal die Energie des Symbols in Deinen Körper ein. Stell Dir vor, dass die Energie des Symbols in Form von Sternenstaub durch den Atem in jede einzelne Zelle Deines Körpers transportiert wird und zu wirken beginnt.

- Wenn Du ein kurzes Ritual wünschst, kannst Du es nun beenden und Dich bei Deinen Engeln für die Hilfe bedanken.

Wenn Du nun tiefer gehen möchtest, bleibe einfach sitzen oder liegen, empfange die Impulse, Bilder oder Informationen und lasse sie in Dir wirken. Diesen Vorgang kannst Du beliebig nach Deinem Gefühl variieren. Bereite den Raum, in dem Du bist, in Ruhe vor. Zünde eine Kerze an und wähle eine harmonische Musik, die Dir entspricht. Du kannst auch ein Räucherstäbchen anzünden. Auch wie Du meditierst, bleibt ganz Dir überlassen. Es ist wichtig, dass Du Dich wohlfühlst. Gutes Gelingen bei Deinen ersten Schritten und im Erlernen des Umgangs mit den Symbolen.

Erzengel Michael

Dein Schutzengel

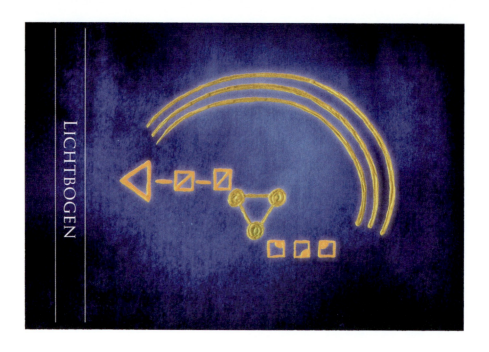

LICHTBOGEN

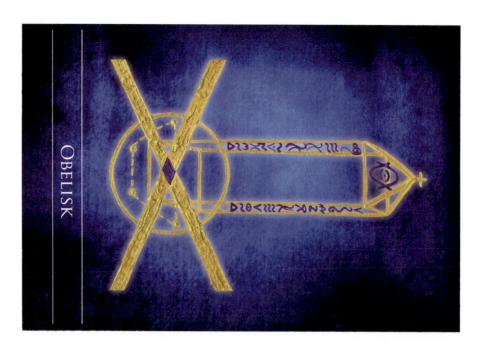

OBELISK

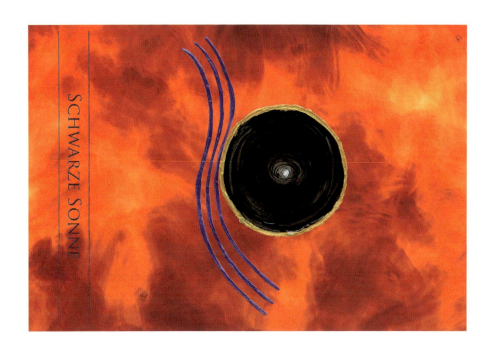

SCHWARZE SONNE

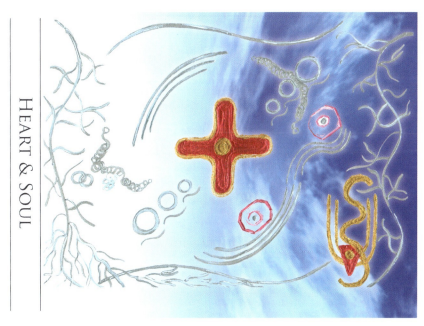

HEART & SOUL

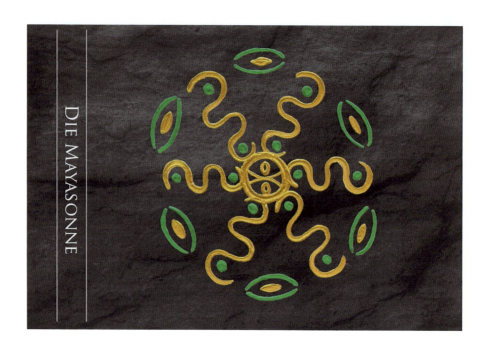

DIE MAYASONNE

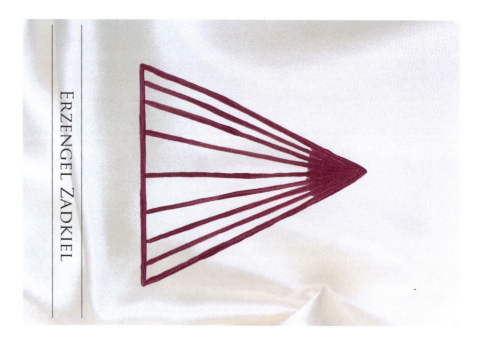

ERZENGEL ZADKIEL

Weiteres von Christine & Robert Salopek

im Onlineshop:
www.spirit-solution.com

Meditations-CDs:

Glücksmeditation (CD)

geführte Meditation von Christine Salopek
Preis: 15,- EUR

Heilmeditation (CD)

geführte Meditation von Christine Salopek
Preis: 15,- EUR

Energieanhebung (CD)

geführte Meditation von Christine Salopek
Preis: 15,- EUR

Herzmeditation (CD)

geführte Meditation von Christine Salopek
Preis: 15,- EUR

Chakra-Meditationen (2 CDs)

geführte Meditation von Christine Salopek
Preis: 24,90 EUR

FineArt Prints von Energiebildern auf Leinwand

FineArt - Kunstdruck auf hochwertiger Canvas Leinwand, aufgespannt auf Keilrahmen. Lichtbeständiger UV-Druck. Keilrahmen aus Naturholz.

Handsigniert und eingeschwungen mit der Energie von Christine Salopek.

Verschiedene Größen & Motive möglich.

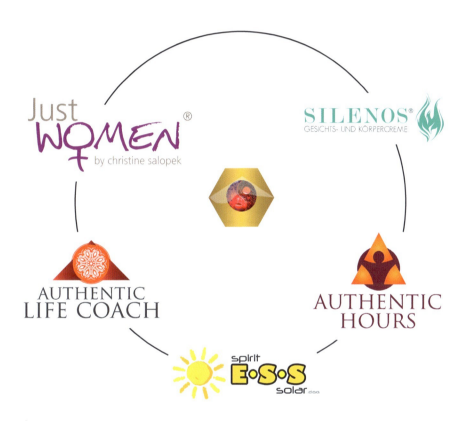